# あなたは「死に方」を決めている

Hiroyuki Ehara

江原啓之

中央公論新社

あなたは「死に方」を決めている

目次

## 三　後悔を抱いて「死」を迎えるということ　71



## 〈対談〉死ぬときに後悔しない生き方　111

……………江原啓之×川嶋朗（医師）

## 第二章　知っておきたい葬儀・お墓・供養のすべて

撮影　大河内 禎（帯、111ページ）
　　　橘 蓮二（229ページ）
装幀　中央公論新社デザイン室

あなたは「死に方」を決めている

## ◆あなたの「死に方」がわかるチェックシート

第一章を読む前に、〈あなたの「死に方」がわかるチェックシート〉に取り組んでみましょう。

**〈使い方〉**

**①次の30項目のうち、あてはまるものにチェックを入れてください。**

**②すべて終わったら、点数表と照らし合わせて合計点を出しましょう。（チェックしなかった項目は0点です）**

**③合計点のあてはまるところが、今、一番可能性の高いあなたの「死に方」タイプです。**

自分の「死に方」タイプを心に留め置いて本編を読み進めると、自分がなぜそのタイプなのか深く理解できるとともに、「死に方」を変えたい場合のヒントを見つけられるはずです。各項目については、17ページに解説がありますので参考にしてみましょう。

□1 あの世の存在を信じていない。
□2 「絶対、自宅で死にたい」または「必ずこの病院で死にたい」などと決めている。
□3 死ぬときは、家族に看取られたい。
□4 こうでなくてはいけないというこだわりを持っているタイプだ。
□5 ありのままを受け入れられないことが多い。
□6 手放せない物がたくさんある。
□7 忘れられない過去の恨みつらみがある。
□8 今日一日を振り返ってみて、充実して生きたとは言いきれない。
□9 固守している宗教がある。
□10 やりたいことはあるが、「いつか」と先送りにしている。
□11 病気や介護などについての知識は乏しいと思う。
□12 自分の死について、想像したことがない。
□13 子どもやペットを溺愛《できあい》している。
□14 いざというとき、大事なことを頼める友人などがいない。
□15 ケチまたは浪費をしがちで、身の丈に合ったお金の使い方をしていないと感じる。

□16 一人で過ごすことが苦手で、一人旅や一人での食事はできない。
□17 順応力やバイタリティはないほうだと思う。
□18 奇跡をつい願ってしまう。
□19 自分から仕事を取ると何も残らない。
□20 家族や大切な人と喧嘩《けんか》したまま、家を出ることがある。
□21 コミュニケーションが下手だ。
□22 医療は絶対だと思っている。
□23 人に頭を下げるのは苦手だ。
□24 潔い性格とは言えない。
□25 言い訳をしがちだ。
□26 家族を自立させていない。
□27 家族は精神的に自分を頼っている。
□28 遺言書を書いていない。
□29 エンディングノートを書いていない。
□30 自分の人生の歴史を家族に伝えていない。

〈点数表〉

| | | | | |
|---|---|---|---|---|
| 1……4点 | 7……4点 | 13……4点 | 19……4点 | 25……4点 |
| 2……1点 | 8……2点 | 14……4点 | 20……3点 | 26……4点 |
| 3……2点 | 9……3点 | 15……1点 | 21……3点 | 27……10点 |
| 4……2点 | 10……2点 | 16……3点 | 22……1点 | 28……5点 |
| 5……3点 | 11……1点 | 17……2点 | 23……3点 | 29……5点 |
| 6……2点 | 12……10点 | 18……3点 | 24……2点 | 30……3点 |

あなたの合計点は　　点

## ◆あなたの「死に方」タイプ

### ◆0点　今すぐ大往生タイプ

どの項目もチェックがつかなかったあなたは、今すぐ死んだとしても、この世に未練を残さず、すんなりとあの世に旅立てます。死の瞬間を、自分の人生を精一杯生き抜いたと思いながら、安らかな気持ちで迎えられるでしょう。とはいえ、これからの生き方次第では、新たにチェックが入ることも。そうならないよう、今まで以上に自分の人生に責任を持ち、精一杯生き抜きましょう。

### ◆1点〜20点　充実の死まであと一歩タイプ

あなたは死後に悔やむことがあるようです。項目の数が少ない、あるいは内容が些細だと侮ってはいけません。いくら小さなことでも、死の瞬間、「こうすればよかった」という大きな後悔となり、死後の浄化もそのぶん遠のいてしまうのです。必ず明日が来るとも限りません。ついたチェックが外れるように、今すぐ行動することが大切です。

### ◆21点～50点　浄化まで長い道のりタイプ

あなたにはまだまだ気がかりなことが多すぎて、心安らかにあの世へ旅立つというわけにはいかないようです。現世にいるうちから、自らのたましいの浄化を始めなければ、そのツケを死後に持ち越すことになります。たましいが次のステージへ行くまでに、長い道のりとなる可能性大。もう一度、チェックした項目を見直しながら、自分と向き合ってみましょう。チェックが消えていけば、きっと充実した死に方に近づけるはずです。

### ◆51点～100点　未浄化霊ほぼ確定タイプ

あなたはあの世での浄化が滞るどころか、未浄化霊となって幽現界をさまよう可能性が非常に高いでしょう。この世への未練や後悔が強すぎて、自分の死に気づけないことも考えられます。死に際に心が痛んだり、死んでからも、数々の後悔にさいなまれるかもしれません。一つでもチェック項目を減らしていかなければ、このままでは充実した死に方からほど遠いと言えるでしょう。

**【解説】**

1　肉体が死んだらすべてが無になると思っていると、死んでもなお、たましいが生き続けている現実を受け入れられないでしょう。いつまでもこの世に執着し続け、未浄化霊になってしまうかもしれません。

2　最期をどこで迎えたいかを決めているのは悪いことではありませんが、そのための準備を、自分で周到にしているでしょうか？　また、準備をしていても、必ずしも自分の思い通りにいくとは限りません。〝絶対〟〝必ず〟と思っていると、それが執着となり、自分も周囲もそれにとらわれて苦しむ可能性があります。

3　望み通りの死に方を誰もが選べるわけではありません。こうやって死にたいということだわりがあまりに強いと、そうならなかったとき、家族も自分も悔いが残ります。

**4** こだわりが強すぎると、広い心で現実を受け入れ、感謝するということができません。こだわりは執着の元であり、わずかでも外れると、不平不満が募るのです。感謝がある人と、不平不満を持っている人では、同じ痛みでも感じ方が違うと言います。もし死を目前にしてもこだわりに縛られていれば、心も体も痛みを強く感じるかもしれません。

**5** ありのままの現状を受け入れられないことは、苦しみにつながります。あるところで「これも必然だ」と受け入れる覚悟を持てない人は、いつまでも生への執着や周囲への依存を捨てきれず、己の人生を恨んだり、後悔するのです。

**6** お金、家、愛着のある品など現世の物は、なに一つあの世に持って行けません。それらを頑なに手放せない人は、死後も現世に未練を持ち続けることになるでしょう。

**7** 忘れられないネガティブな思いは、現世への執着の元です。さらに、恨みつらみの原因となった人に対して、「あいつよりも先に死んでたまるか」というような気持ちを抱いての死に際が、美しくないのは言うまでもありません。

**8**　毎日を充実感なしに生きている人は要注意です。もしも今、突然亡くなったとすると、「あれをすればよかった」「これをしておけばよかった」と後悔するからです。

**9**　宗教を固守するのは、依存であり執着の元です。宗教のしきたりに従った葬儀をしなければ地獄に堕ちるかもしれない、などという思い込みやこだわりが、生前に死への恐怖を募らせたり、死後の浄化を遅らせる一因となるのです。

**10**　やりたいことを「いつかは」「定年後に」「子どもが大きくなったら」などと、未来に先送りにしがちな人は、やらない言い訳をしているようなもの。すぐに夢を実現できなくても、やりたいことに取り組む過程で「今日が幸せ」という充実感は得られるはず。今、充実させられないことを、先送りした未来で充実させられるはずがありませんし、先送りしたまま死ねば、「やっておけばよかった」という後悔だけが残ります。

11　病気になったらどんな治療をどこまで受けるのかや介護サービスの仕組みなどを調べて、シミュレーションしておかなければ、急にその立場になったときに困ります。自分で事前に調べず、病院や施設、医者や家族におまかせすればいいと思っている人は依存心がある証拠。それは周囲への愛や感謝がないこととイコールであり、迷惑をかけたまま死を迎えることになりかねません。

12　縁起が悪いなどと言って、自分の死について考えていない人は、病気で余命告知を受けるなど、いざそのときになるとうろたえます。その結果、死までの時間を有意義に過ごせなかったり、死んでからもこの世に未練を残しやすいのです。

13　溺愛するものがあるほど、この世に強い執着が生まれます。「この子たちを残して死ねない」と思うと、すんなりあの世には行けないはずです。

14　13にも通じますが、何かのときに子どもやペットの世話を頼める誰かがいなければ、ふだんでも不安なはず。ましてや自分が突然、死を迎えたとしたら、どうなるでしょうか。家族だけでなく、死後、一時的にでも大切なことを託せる友人などがいない人は、いざというときの準備を前もってしておくことが大切です。

**15**　命に関わる病気になったとして、どこまで治療を受けるかなど、考えていますか？　選択肢を考えるとき、現実問題として経済的な負担もあるでしょう。ふだんから身の丈に合ったお金の使い方をしていますか？　いつ何時、どんな病気になるかわからないのですから、元気なうちから「備えは常に」の心がけは必要です。

**16**　一人で過ごせない人、一人の時間を楽しめない人は、自立も自律もできていない人です。自分の人生はもちろん、自分の死にも責任を持つことができず、死後の浄化が滞りやすいでしょう。

**17**　もしも今、余命告知を受けたとしても、順応力やバイタリティがあれば、現実を受け入れることができますから、限りある時間を悔やみながら終えることはなくなります。また、死後の世界に行ってからも、「郷に入れば郷に従え」と順応する力やバイタリティがあるほうがよいのです。

18　奇跡を願うのは依存心の表れ。神頼みや魔法を期待するのは、他の誰かに依存しているのです。人は誰でも死にます。死を目前にして万策尽きたとき、腹をくくれないのは、自分の人生に責任を持って生きてこなかったからではないでしょうか。

19　仕事が生きがいというのは一見、素晴らしいことのようですが、自分の存在価値が仕事にのみあるという人は要注意です。病気になって治療に専念すべきときに、仕事優先で無理をしたり、病気への不安を紛らわせるために仕事を続けたりしがち。人生最期の時間を贅沢に使うという気持ちがなければ、死後の後悔につながりますし、死後もなお仕事をしようとする未浄化霊になる可能性もあります。

**20** 喧嘩別れした直後に、事故で自分や相手が死ぬようなことがないとは言えません。人はいつ、どのように死ぬかわからないのです。お互い死を想像せず、漫然と明日があると思っていると、突然、死んだときに「喧嘩などするのではなかった」「謝っておけばよかった」と後悔するでしょう。

**21** 「親しき仲にも礼儀あり」と言いますが、親しい人にほど、自分の思いを伝えていないのではないでしょうか。「言わなくてもわかっているはず」と思うかもしれませんが、それは相手への依存。大切に思っている気持ちやお礼などを伝えないまま死んでも、心残りはないと言えますか?

**22** 医療が絶対だと思っていると、治療で思うような結果がでなかったとき、その現実をなかなか受け入れられないでしょう。また、高額な最先端の治療や人がいいと薦める治療のすべてを受けられるわけではないでしょうから、延命治療を受けるのかなど、どんな治療をどの程度受けるのかを決めておかないと、家族も自分もつらいだけです。

**23** 人に頭を下げるのが苦手な人は、謝罪ができないというだけでなく、感謝を伝えるのも苦手な人ではないでしょうか。「ごめんなさい」「お願いします」「ありがとうございます」という言葉を素直に言えず、自分の殻に閉じこもったまま死を迎えるのは、苦しくはないでしょうか。

**24** 過去のことをいつまでも根に持ったり、愚痴《ぐち》ったりするのは、こだわりや執着があるからです。潔く事実を受け入れて、そこから学ばなければ、前に進むこともできません。反省ができなければ、浄化も滞ります。

**25** 言い訳は、死んだとたん後悔に変わります。「でも」「だって」と言い訳してやらなかったこと、避けてきたことを、死んでから「やっておけばよかった」と思うのはつらいことでしょう。

**26** 家族の面倒を一手に引き受け、家事一切を担っていると、自分が死んだあとで家族は通帳や印鑑の保管場所はもとより、下着一つもどこにあるのかさえわからず、困るでしょう。経済的に自立させていなければ、路頭に迷うかもしれません。それでは家族のことが心配で、なかなかあの世に行けないのではないでしょうか。

**27** 病気で入院しているときに、「君がいないと生きていけない」「死なないで」などと言われたら、治療に専念できるでしょうか。死んでからもなお精神的に頼られたら、後ろ髪を引かれる思いで、浄化どころではないでしょう。家族であっても、お互いが精神的に自立していなければ、未練となるだけなのです。

**28** エンディングノートと遺言書は分けて書くのがおすすめです。財産の多さや家族仲に関係なく、遺産を分ける割合や方法などを法的に有効な遺言書で示しておかないと、どんな揉め事が起きるかわかりません。遺言書を書かないのは、家族に対して無責任である証拠です。

29 エンディングノートを書かないまま死を迎えると、まず遺された人たちが困ります。なぜなら故人の遺志を知る術《すべ》がないため、延命治療からお葬式に至るまで、「これでよかったのだろうか」という気持ちが残るからです。遺族間での揉め事に発展することもありますし、自分も希望を伝えなかった後悔が死後に残ります。エンディングノートを書かないことは、自分の人生や死後に無責任だということにほかなりません。

30 自分の人生の歴史を家族に伝えたり、エンディングノートに書き残すには、まず自分で自分を振り返らなければなりません。その過程で、本当に大切なものやこれからしたいことが見えれば、いっそう人生を輝かせられるでしょう。自分にとっての大切な出来事や忘れられない思いは、自分が人生を充実させて生きた証。それを家族に伝えていない人は、自分の人生に対して無責任とも言えるでしょう。

# 第一章

# 「死」という始まり

## 一 求めているのは「許し」

### 死が身近になった時代

あなたは、どんなときに「死」を意識するでしょうか？

愛する人、家族、大切な友人が亡くなると、誰もが死を身近に感じるでしょう。高齢化社会となり、老いの先に見える死を考えることもあるかもしれません。科学や医療が発達しても、まだまだ病気で亡くなる方は多く、事故や事件で命を落とす方もいます。また日本は、地震、台風、火山の噴火など、多くの災害と向き合ってきました。近年では、地球規模の異常気象が各地で起こり、想像を超えた自然災害、それによる大きな被害も、悲しいことですが出ています。それだけに、より死が身近になってしまった時代と言えるのかもしれません。

二〇一一年三月十一日、東日本大震災が起こり、多くの方が亡くなりました。

その直後から、東北では霊の目撃談が増えたそうです。

霊を見た。

亡くなった人に会った。

それによって、死後に対する関心を深めている人も多いと聞きます。

霊の目撃談について、科学者たちは、脳で創り上げているだけではないかと分析しているようですが、そんな単純なことではないと、私は思います。

そこには、許しを請いたいという思いと癒やしを求める気持ちがあるのではないでしょうか。

愛する人を突然亡くし、亡くなった人に対して許しを請いたいと思っている人は多いはず。愛していると言えなかった、ごめんなさいと言えなかった。あるいは、助けてあげられなかった、そばにいてあげられなかった。また、災害などで行方不明となっている方の家族のなかには、見つけてあげられないことを悔やむ人もいます。

大小はあれど、多くの方が死者に対して許しを請いたいと思っているのです。

そして次に思うのが、「亡くなった人は今、どうしているのだろうか」ということです。亡くなってなお、あの世で苦しんでいないだろうか、寂しくないだろうか、お腹を空かせていないだろうかと。

そんなとき目の前に亡くなった人が現れてくれることによって、救われたり、癒やしを得られる人は多いでしょう。

東北の目撃談でも、霊となった愛する人がニッコリと微笑《ほほえ》んでいる姿を見て、ホッとしたり、生きる希望が湧いてきたと感じた人は少なくないと聞きます。

これまで私は、過去の個人カウンセリングや講演会などで多くの方と接しながら、あることをずっと感じていました。それは、愛する人を亡くした人は、亡くなった人に許しを請いたいという思いが、心のなかにあるのだということです。もちろん、こうした思いは災害で亡くなった場合に限りません。事故であれ、病気であれ、身近な人が亡くなると、誰もが抱くものです。

そして、それは亡くなった側も同じだということ。

例えば、キリスト教などでいまわの際に神父や牧師が枕元に来るというような習慣があります。最期に生きている人に謝っておきたい、先に亡くなっている人に許しを請いたい、あるいは罪を告白したいという潜在的な願望に寄り添い、気持ちを残さずあの世に行けるようにとのことでしょう。こうした場面を経て、安心してあの世へと旅立つというのは、宗教の枠を越えて、どこか納得できるものです。

生者と死者、お互いのたましいが許しを得たとき、究極の癒やしが得られるのかもしれません。

## 生者と死者の思い

死後の世界がどうなっているかは、あとで詳しくお話しするとして、これだけは申し上げておきましょう。

人は、死して死にません。たましいは永遠に生き続けます。

現世での死は、あくまでも肉体を脱ぎ捨てるだけ。たましいはあの世でも生き続けるのです。

災害などで行方不明の肉親がいると、多くの方がなんとか見つけてあげたいと願います。

その心の内には、「遺体が見つからないと死んだという心の区切りがつかない」という思いがあるようです。

ですが、区切りという部分で言えば亡くなった人も同じ。死んでも区切りはついていないのです。なぜなら、あの世があるから。死んで終わり、無になるというわけではないから、気持ちの区切りがつかないのです。

お互いが同じように強い気持ちを抱いているからこそ、生者は死者に会って思いを伝えたいと願い、死者も必死になって霊という姿で現れるのではないでしょうか。

だからといって「霊になって現れないたましいは強い気持ちがないのか」などと思わないでください。余談ですが、霊というのはそう簡単になれるものではありません。肉体を持たないたましいが見える姿になって現れるのは、やはりパワーが必要ですし、かなり大変なことなのです。

また、目の前に霊となって現れないからといって、亡くなった人と会えていないわけではありません。みなさんが覚えていないだけで、夢のなかではちゃんと会っているのです。

よく愛する人が亡くなったとき、「夢でいいから出てきてほしいのに、出てきてくれない」と嘆く人がいます。しかし、出てこないのには理由があるのです。

それは、「夢でもいいから会いたい」と願い、夢で会ったがためにいっそう思いを募らせ、後を追ってしまうようなことを起こさせないためです。そんなことになったら本末転倒。亡くなった人だって悲しむでしょう。

生きている側に強い執着があるからこそ、亡くなった人は夢に出てきませんし、出てきたとしても、その夢を忘れさせている。それは亡くなった人の愛情です。

おかしなもので、会いたいとも思わない遠い親戚が夢に出てきたりします。「なぜあの叔母さんが夢に？」などと思ったりもするでしょうが、これは会ったからといって後を追わないから。大好きな人に限って夢に出てこないという場合は、自分がその人にしがみついている、強い執着があるという証です。その執着から解き放たれれば、いつか夢に出てきてくれるかもしれません。

**生と死は一体**

死が身近な時代になった、死について考える人が増えたと申し上げましたが、死を見つめることは、いかに生きるかを考えることです。なぜなら、「どんなふうに死んでいくのか」と考えることは、「死の瞬間までをどう生きればいいのか」を考えることだからです。

そういう意味では、生と死は常に一体と言えます。

近年、身近に感じられるようになったとはいえ、日本ではまだ死をネガティブなことに捉えられがちです。「縁起が悪い」と言って避けたりもします。しかし死を避けることは、逆に現実逃避ではないでしょうか。本当ならば、死を考えることは人生に果敢に立ち向かっていくことなのです。生死を見つめることは、充実した人生に欠かせません。死を考えることは、決してネガティブでも、タブーでもないのです。

死後の世界に関する多くの言い伝えや教訓話には、誤謬《ごびゅう》があります。

例えば「親より先に死んだ子どもはあの世で石を積んでいる」だとか、「そんな死に方をするのは業《ごう》が深かったからだ」「悪いことをすると死後、地獄に堕ちる」というようなことです。

まず申し上げておきますが、例に挙げたような言い伝えなどは、まったくの迷信です。元は人生をよりよく生きるための教訓だったのでしょうが、いつしか脅しのようになってしまったことは否めません。こうした言い伝えや教訓めいた話を気にするあまり、心や体を病んでしまう人もいるそうです。自分のしたことが許されないのだと思い込み、死への恐怖をいたずらに募らせてしまったとすれば悲しいこと。それは生きている者にとっても、亡くなった者にとっても、不幸なことではないでしょうか。

とはいえ死を恐れるという感覚は、ある意味大切です。

死が怖くなってしまえば、自ら死を選ぶことがたやすくなってしまうかもしれません。でも自ら死を選んだのでは、現世に生まれてきた目的を果たせないままになります。あなたがこの世に生まれてきたのには、理由があるのです。それは、さまざまな経験と感動を積み重ね、たましいを磨くため。その使命をまっとうするために生き抜くことを、あなたは決心して生まれてきたはずなのです。

人生は旅。そして今生《こんじょう》は一度限りです。たましいの再生があったとしても、同じ時代、同じ肉体で生まれることはない。死んでしまえば、まったく同じ人生は取り戻せないのです。ですから、やり直しができないという意味での死への恐れは、持って当然の感覚ですし、忘れてはいけません。

死を恐れる気持ちの裏には、死後の世界がわからないことへの不安もあるでしょう。ならば、死後の世界について正しく知る必要があります。

また供養という意味でも、死後の世界を知ることは重要です。現世にいる人は、亡くなった人を思って懸命に供養しているけれど、あの世から見たら的外れなことは、たくさんあるからです。笑い話ですめばいいですが、知らないからこその誤解や思い込みが元で、多額のお金を騙《だま》し取られたりするのは、避けなければなりません。

実際に、東日本大震災のあとも、津波でお墓が流されたり、お墓が大きく壊れた被災者に対して、「先祖が苦しんでいる」「早くお墓を建てなさい」「もっといい供養がある」と不安な心につけ込む霊能者などがいるといった話を聞きました。

不安なのは知らないから。それを放っておかず、知っておくべきことは知るという姿勢はとても大切なことでしょう。

死が身近になった今だからこそ、シンプルにたましいを見つめる必要があると、私は思います。

死から逃げず、きちんと向き合えば、不安は消えていきます。

死を深く考えれば、本当の供養がおのずと理解できます。

死を見つめれば、人生を輝かせる道しるべが見えてくるのです。

## 二 たましいが進む先

### あの世は存在する

私がかつて個人カウンセリングをしていたころ多かったのは「亡くなった人は今、どうしているでしょうか」という質問です。

こうした質問をされるのは、あの世の存在を信じているからでしょう。

もちろん、あの世はあります。私は講演会などでもこう言っています。「あの世があることは私が保証します。亡くなって、あの世に行けばわかります。あの世の存在を否定している方は、あの世で私に会ったとき、謝ってくださいね」と。

では、あの世とはどんなところなのでしょうか。

ここからは、現世での死を迎えたたましいがどういう道を進んでいくのかについて、お話ししていきましょう。

まずは予備知識として、二つのことを覚えておいてください。

一つめは、私たちのたましいについてです。

現世でのたましいは肉体を持っており、私はよく肉体を車、たましいをドライバーと表現しています。もう少し詳しく言うと、肉体という物質に、幽体、霊体というスピリチュアルなエネルギー体が重なっている状態です。幽体は感情や思いのエネルギー、霊体は精神です。少しわかりにくいかもしれませんが、幽体は「ソウル」、霊体は「スピリット」という英語訳を聞くとイメージがつかみやすいでしょう。私たちは、自分が神の一部として愛を学んでいる存在であることや、自分がこの世に生まれてきた目的など、ふだん忘れているようなこともたましいの本質では理解しているのです。

もう一つ覚えておいてほしいのは、スピリチュアル・ワールドの階層についてです。

「現界（現世）」→「幽現界」→「幽界」→「霊界」→「神界」

私たちが今いるところが現界、いわゆる現世、この世。そして幽現界から先が、俗にいうあの世です。

この二つを頭に入れたところで、では早速、たましいの進む先を見ていきましょう。

## 生と死の境

いろいろな亡くなり方がありますが、ひとまず昏睡状態から臨終を迎えるという亡くなり方でたどってみることにします。

臨終前の昏睡状態というのは、肉体から、幽体と霊体が少しずつ離れようとしているとき。たましいというドライバーが、肉体という車から降りようとしている、あるいは肉体という服を脱ごうとしているようなものです。

実際にどんな様子かというと、肉体のお臍《へそ》のあたりからコード（シルバーコード）が延びて、幽体、霊体が肉体とかろうじてつながっている状態です。シルバーコードというのは体中から無数に出ており、肉体とたましいをつなげているものですが、それらが次第に離れ、最後までつながっているのがお臍のあたりから延びる太いコードです。これが完全に切れると〝死〟を迎えることになります。

死神が大きな鎌を持っている絵を見たことはないでしょうか。〝シルバーコードが切れると死ぬ〟というところから、〝鎌を持った死神がやって来ると死ぬ〟というイメージができあがったのかもしれません。もちろん、実際に死神が来るわけではありませんので、怖がらなくても大丈夫です。

臨終のときに、なんだか苦しそうに見える場合もあるかもしれません。そばで見ていると可哀想になりますが、たましいの側からすると実際には苦しいというよりも、もがいているだけという場合が多いようです。肉体から幽体と霊体がなかなか抜けず、少し体をよじっているような状態と言えばいいでしょうか。ちょうど窮屈な服を脱いでいるような感じです。

そしてたましいが何を見ているかと言えば、お迎えの人です。臨終のときには、あの世から必ずお迎えがやってくるからです。それは、先に亡くなった愛する人や、よく知っている人。亡き両親や親代わりに育ててくれたおばあちゃんであったりします。

現世での旅をずっと見守っていた守護霊ではなく、亡くなった家族や親しい人が迎えに来るのはなぜでしょう。自分に置き換えてみればわかることですが、まったく知らない誰かが迎えに来れば、なんとなく一緒に行くのはためらわれるもの。現世での死を受け入れて、あの世に行くことをスムーズにするためには、誰が迎えに行くのがいいのかあの世の計らいがあり、先に亡くなった懐かしい人のお迎えとなるのです。

## 現世と重なり合う幽現界

現世を旅立ったたましいが、最初に行くのは幽現界です。

ここは現世と重なり合うように存在していて、たましいが死を受け入れ、現世に別れを告げるところです。

まず自分のお通夜やお葬式を見て、死んだことを理解します。このとき喪主と一緒に葬儀に参列し、弔問客に挨拶をしたり、友人に別れを告げに行ったりもします。

ただ、昨今は家族間など人との絆《きずな》が薄れつつあり、愛着がない場合は、この限りではありません。

死を迎え肉体を脱ぎ捨てた後も、想念によって、行きたいところに瞬間的に移動するこ人は、亡くなっても性格は変わりません。身なりをいつも気にしている人は、亡くなってもおしゃれなままで、季節ごとに服を着替えます。冬ならコートを着るといったことも、難なくできます。

ですが物質としての肉体はありませんから、生きている人に触れることはできない。自分から見るものはなに一つ変わっていないのに、現世にいる人とは生きていたときのようなコミュニケーションをとることはできません。相手の心の声をテレパシーのように理解しても、自分の声を生きている人に聞かせることはできないのです。

生きているうちから、こうした死後の世界について理解を深めていた場合は、自分の死を受け入れるのも早いでしょう。ただ、ここで自らの死を理解できずにいると、現世で生きているように過ごしてしまいます。

例えば、おおよその人は亡くなっても自分の家に帰ったりします。ところが家族に話しかけても応えてくれず、泣いていたり、お葬式の準備をしていたりするので、おかしいと感じ始めます。ですからちゃんと葬儀をして、生きている人も亡くなった人も、肉体の死というものをしっかり認識することがとても大切なのです。

「亡くなった人の部屋を、いつまでもそのままにしておくのはよくないのでしょうか?」という質問に、私はいつも「気持ちの整理をつけるためにも片付けましょう」と言っていますが、これは生きている側だけの問題ではありません。亡くなった人が家に帰ってきた際、生きていたときと同じ状態の部屋があれば、自らの死をいつまでも受け入れられないからです。

また、仕事に対して、思い入れを残したまま亡くなると、会社に行ったりもします。自分の机に花が置いてあるのを見て、びっくりするかもしれません。花が置いてあればいいほうで、さっさと机が片付けられてしまい自分の居場所がないのを知って、うろたえます。肉体がなくなると、人の心はテレパシーのようにわかりますから、その場で「部長、仕事ばっかりの人生で死んじゃったな。幸せだったのかな」「亡くなった人を悪く言いたくないけど、自分勝手な人がいなくなってほっとしたよ」などという心の声を聞く。そうするうちにだんだんと「何かおかしい」「ひょっとして自分は死んだのかな」と悟っていくのです。

死を迎え、肉体を脱ぎ捨てた後は、例えば病気やケガで動けなかった人も、自由に動けるようになります。私が出会った霊たちは、「あんなに痛かった足が、今はもう痛くないんです」と喜んで見せに来るくらい、自由になっていました。ただ、なかには死を理解できず、病気やケガが「治ったんだ」と勘違いしてしまうこともあるようです。

生まれつき体が不自由だった人はどうかというと、やはり自由に動けるようになります。身体的なハンディキャップは、肉体を持っている現世での学びなのです。ただ、例えば現世で足が不自由なことを受け入れ、ハンディキャップをハンディキャップとも思わずに生きていた人は、想念の世界でも車椅子のままだったりします。本人が気にしていないので、想念の世界でも変化はありません。

現世とは違い、肉体を持たない世界に来たこと。それを理解し、自分の死を受け入れることがまず第一歩となるのです。

## 未練や執着でさまよう霊とは？

ただし、幽現界にとどまってしまう霊もいます。「未浄化霊」になるのは、死が理解できないからだけではありません。死を受け入れたくないという気持ち、現世への未練と執着がそうさせている場合がほとんどです。では、その未練や執着は、うらめしやという怪談話にあるような、強い恨みつらみのせいだと思いますか？　いいえ、そうとは限りません。

私は、朝の駅のホームで電車を待っている霊をたくさん視ています。毎日会社に行き、仕事を生きがいと感じていた人たちです。あの世はお金のいらない世界なのですから働く必要はありません。でも、仕事や自分の地位への執着から、「自分がいないと会社がまわらないんだ」と思い込み、死んでまで働こうとする姿は珍しくないのです。

もしあなたが今、突然、事故で亡くなったとしたらどうでしょうか？　「自分はやり残したことなどない」「天涯孤独だから、この世に未練はない」という人でさえ、気になることが少しはあるはずです。干しっぱなしの洗濯物や、一日の終わりにご褒美で食べようと思って冷蔵庫に入れておいたとっておきのスイーツ、あるいは一人暮らしの部屋で飼っている猫のエサ、会社の引き出しに入っている重要な書類など、気になりませんか？　人はみな、多かれ少なかれ、現世への未練、思い残すこと、心に引っかかることがあるものなのです。

大好きなお酒をもっと飲みたかった、美味《おい》しいものをもっと食べたかったという執着もあるでしょう。その場合、肉体はなくても想念で食べることもできます。お酒もたばこも、食べ物もあります。

亡くなってすぐは、生きていたときの習慣から、食べたり飲んだりしようとする霊もいます。大好物のものを目の前にすれば、お腹が空いていなくても、目が食べたい、気持ちが食べたいとなるのと同じです。

でも、想念で食べても味気ないのです。

味覚は舌という肉体があるから感じるのであり、胃袋があるから満腹になります。それがないのですからいくら食べても味気なく、満腹にはなりません。そんなことを繰り返すうち、食べたい気持ちが薄れて、だんだんと食べることを忘れるようになるのです。ところがいつまでも執着が強いと、生きている人間に憑依《ひょうい》してまで食べようとします。生きている人間の体を借りて食べると、味もあるし、満腹感もある。憑依した相手が満腹になればいったんは離れますが、執着が強いので満足できず、また次の誰かに憑依します。肉体、胃袋がないのですから、お腹が空いているわけではありません。執着なのです。そうやっていつまでもさまよいながら、憑依しては食べ続けることになります。

ちなみに憑依された側はというと、満腹のわりには美味しいものを食べたという満足感はありません。びっくりするほど食べるのに、「食べた」という印象が薄い。「どうしたの？　取り憑《つ》かれたようにガーッと食べていたよ」と一緒にいた人に言われても、自分では「え、そう？」といった感じでしょう。

お酒を飲むと人が変わったようになるのも同じ。途中から自分でも飲んだという記憶がなく、周囲の人が「別人のようだ」と感じるのは、憑依した霊が表に出ているからです。

しかしいつも言うように、憑依はお互いの波長が合ったからこそのお見合いの成立です。憑依する霊ばかりが悪いのではなく、憑依される側にもどこか食べものやお酒への執着があり、波長が低くなって引き寄せ合うのだということを忘れてはいけません。

よく「お墓にお酒をかけてはいけない」と言います。墓石が傷むからという理由もありますが、お酒好きな霊の執着を呼び覚ますからでもあります。お酒が元で体を壊して亡くなった人が、あの世でようやくその苦しみから解放されたのに、またお酒を目の前にしたら、執着がよみがえってくる可能性もあるのです。

亡くなってすぐはお供えしてもかまいません。突然亡くなったりすれば、無念な気持ちもあるでしょうから、「飲みたかったでしょう」と供えてあげてください。その気持ちを、亡くなった人はいただきます。でも、遅くとも亡くなって一年くらい経ったら、「お酒が好きだったね。でも飲むのはこれでおしまいだよ」と言って、その後はお供えするのは控えたほうがいいでしょう。お酒のほかにも、たばこなど習慣性のある嗜好品《しこう》や本人が大好物だったものなども同様です。

愛する人を未浄化霊にしないために、執着を断ち切ることも愛情です。

**時間は関係ない**

幽現界にいるのは、どのくらいなのでしょうか。

よく仏教では「四十九日」などと言いますが、心霊学の世界でも一般的には五十日程度はとどまっていると考えられています。とどまるといっても、たましいが自分の肉体の死を受け入れるのにそのくらいはかかるという意味で、厳密に言えばあの世に「時間」はありませんから、あくまでも一つの目安にすぎません。

人それぞれなのです。

頑固な人はいつまでも自分の死を受け入れようとしないかもしれませんし、現世へのさまざまな執着が強ければ、もっとかかるでしょう。

一方で、独身で自分が死んだときのこともきっちり準備していた人は、すぐに自分の死を受け入れるでしょう。「あとのことは生きている人にまかせた」と、腹をくくっている人も早いでしょう。

生前からどれだけ「死」を意識して生きてきたか、準備してきたか、執着を持たないように自律できていたか。そうしたことが、死後、如実に表れるのです。

ただ、ここで想像力を持って考えたいのは、思いを残す理由もさまざまだということ。この世の人たちは「一刻も早く成仏を」と思いがちですが、例えば、子どもを産み、その子の命と引き替えに亡くなってしまったお母さんがいたと想像してみてください。お母さんが自分の死を受け入れたとしても、すぐに幽界まで行ってしまうとは限りません。いろいろと思うところがあるでしょうし、何より子どもの成長が心配なはずです。

私が過去に霊視した事例でも、子どもが幼い頃に亡くなった親というのは、その子がある程度大きくなるまで、そばにいることが多かったものです。かといってこれを「未浄化霊だ、早く成仏しろ」というのは、いかがなものでしょうか。

「この子はちゃんと生きていけそうだな」とか、「新しいお母さんが来て、家族みんな仲良くやっているからもう大丈夫だな」などと見届けて、ようやく次のステージへと進む。それがそのたましいにとって必要な過程ということもあるのです。浄化のスピードは人それぞれで、誰かと競うことでもないのです。

## 自分の波長にあった幽界の階層へ

幽現界で死を受け入れ、現世への未練や執着を捨て去ったとき、たましいは次のステージ、幽界へと移ります。自分で早く行きたいと思っても行けるものではありません。本当に自分自身が変われば、守護霊の導きなどもあって自然と幽界へと移ることができます。

幽界は、無数の階層に分かれています。

現世の感覚で〝階層〟というと、一階、二階、三階というような建物のイメージを持つかもしれませんが、エレベーターや階段があるわけではなく、建物とは違います。

〝無数の階層〟というのは、明るさのグラデーションと考えてください。それは、日の当たらない海底から日の当たる海上までのグラデーションに似ています。最下層部は暗くてどんよりとしていますし、最上層部は光に満ち、明るくて気持ちのいいのどかな世界です。

では、最初にどこの階層に行くのかといえば、亡くなったときの自分のたましいの波長に合った階層です。生きていたときの心の状態と同じところに平行移動すると言ってもいいでしょう。

幽界の低い階層であればあるほど、そこは現世とあまり変わりません。なんでもあり、いわば世俗的です。違うのは物質界ではないところ。とはいえ想念で物を出現させたり、消したりすることも可能です。物質がないことにすら気づかないほど、不自由さはありません。買い物をしようと思えば、いくらでもできます。

では、買い物が一番の楽しみと思っている人、買い物に執着がある人を例に、幽界での浄化について簡単にお話ししましょう。このような人は、幽界の下層部で買い物三昧の暮らしをしています。しかし、幽界では服やバッグがほしいと思えば想念で出せるため、本当なら買い物をしてまで手に入れる必要はありません。つまり物がほしいからではなく、物を買うこと自体に執着し、楽しむのです。何でも手に入れられるわけですから、最初は楽しいでしょう。しかし、次第にどこか虚《むな》しさを感じはじめるのです。そして、「こんなことをしていていいのだろうか」と、自分の心の奥にある何かに気づいたとき、ふと視野が広がります。それがたましいの成長であり、浄化の第一歩です。

幽界の階層はグラデーションと述べましたが、これは心の視野の広がりに比例します。視野が狭いときは、自分の考えに固執しているから心も窮屈です。見えるはずのものも見えず、暗闇にいるような状態です。それがまさしく幽界の下層部。現世でも心が狭く、考え方の暗い人は、表情も暗ければ、行動範囲も狭いでしょう。その現世での生き方がそのまま平行移動したのが、幽界の階層なのです。そして、現世でも考え方が変わって視野が広がると、目の前がパッと明るくなるときが来るように、幽界でもたましいの浄化が進み、視野が広がれば、明るい階層へと移っていくのです。

## 幽界は内面の世界

「幽界でも現世と変わらないように買い物ができる」などと聞くと、まるでたくさんの霊たちと一緒に暮らしているような世界をイメージしがちですが、そうではありません。

理解していただきたいのは、あの世は基本的に一人の世界だということ。亡くなった直後にお迎えが来たり、ときに守護霊の導きはありますが、基本的には一人です。

例えば、あなたが一人でメディテーション（瞑想）をしていると思ってください。まぶたを閉じていても、真っ暗ではないはずです。頭のなかでイメージを働かせば、鮮やかな景色を見たり、誰かと会って、話したりすることもできます。自由に物を出したり、消したりできるし、好きなことができます。それと同じ状態なのです。

そんなイメージの世界で、自分と向き合うのが幽界です。

「あの世で一人なんて、寂しくないの？」と思うかもしれませんが、寂しさはありません。そこは現世に生きていると理解しにくく、また物質界ではなかなか喩えることが難しい部分です。あえて喩えれば、家のなかで個室に一人いても、ほかの部屋に家族がいると思うと寂しくはないのと似ています。たましいのつながりは感じながらも、一人でいる状態。孤独ではなく、孤高なのです。

基本的に一人で自分自身と向き合うと申し上げましたが、これは好きなことをするためではなく、あくまで自分の内面を見つめるためです。例えば幽界で買い物三昧をしているとしても、それは「自分は買い物だけが楽しいことだと思って、それに明け暮れていたけれど、虚しいことだったな」などと気づくためなのです。

あの世に行っても、たましいは成長を続けます。そのためには、現世でどう生きたかを振り返り、自分のたましいを見つめる必要があります。ときには自分が忘れているようなことも思い出し、明らかにして反省しなくてはなりません。それを一つ一つ、すべての事柄にしていかなくてはならないのです。

私たちが生まれてから死ぬまでのことは、すべてたましいに刻まれていて、あの世での振り返りに使われます。よくアカシックレコードなどと言われたりしますが、これは飛行機に積んであるブラックボックスのようなもの。そこには飛行中のいろいろな記録が残りますが、アカシックレコードはそれよりももっと詳細です。人生のあらゆる場面での思い、言葉、行動がすべて残っているのです。嘘はつけませんし、「知らぬ、存ぜぬ」も通じない正確な記録です。

こう聞くと、なんだか裁かれるような気持ちになるかもしれませんが、閻魔《えんま》大王や裁判官が出てきて断罪するわけではありません。あくまでも自分で自分を見つめる作業です。

あの世に帰れば、真実がすべて明白になるということは、例えば現世で誰かと揉めていたことの原因が、誤解だったと判明することもあるということ。真実を知って誤解がなくなり感情が収まれば、理性的になるでしょう。そこで初めて、自分のしたことを冷静に見つめることができ、自分が悪かったと気づいたり、感情的になりすぎていたことを反省したりするのです。さらに、現世でしたことをまったく悪いと思わなかったり、いっこうに過去の自分と向き合おうとしなければ、きちんと向き合うまで何度でも見せつけられます。結局は、自分で反省していくことになるのです。

そうやって反省しても、また別の過去を提示されれば、「でも」「だって」と思うこともあるでしょう。いったん広がった視野が、保身に走るような考え（小我《しょうが》）を持つことで再び狭くなり、浄化が滞ってしまうこともあるのです。

ここまででおわかりでしょうが、死んだからといって、すぐにたましいは変わらないということ。小我な考え方ばかりしていた人が、急に大我《たいが》な考え方ができるわけではないように、死んだからといって、急に聖人になるわけではありません。

それだけに、生きているときにたましいを磨き、広い視野を持つことは、あの世での学びにも影響するのです。

## あの世での再会

あの世でのたましいは基本的に一人の世界ですが、必要があれば人に会って、話をすることもできます。でも、それは会う必要のある人に会うべき段階が来れば、に限られます。死後、すべてが明白になって、あなたが誤解していたことがわかり、憎んでいた相手を許せるようになったとしましょう。このとき、あなたが心から相手に謝りたいと思えば、会って謝ることができます。でも、理性的になれないうちは、たましいの浄化を妨げることになるので、会えません。つまり、自分の過去を振り返り反省するためなど、たましいの浄化に必要な場合には、会うことができるのです。

では仮に、現世で結婚できないから、あの世で添い遂げたいという思いで心中したとしたらどうでしょうか？　残念ながら、あの世で一緒になるという願いは叶えられません。それどころか、そのような情念が落ち着いて、それぞれが理性的になるまで、気の遠くなるような反省を経なければ、会えないこともあり得ます。つまり、一緒に死ぬことにはなんの意味もないのです。命をかけてでも一緒になりたいのであれば、現世で添い遂げる努力をするほうが、ずっといいと言えるでしょう。

それぞれの人生をまっとうした場合でも、たとえ夫婦や家族、愛する人同士だからといって、恋しくて会いたいという感情だけでは会えません。また、現世でそうであったからといって、あの世で一緒に暮らすこともありません。

そもそもが一人の世界ですし、幽界でたどり着く階層も違います。たましいの学びの度合い、浄化の度合いが違うからです。ただ、幽界での浄化が進んでいくと、現世で持っていたような情欲がらみの会いたい気持ちは薄れていきます。「会って心の整理をしたい」という方向へと変わっていくのです。

例えば夫婦ともに亡くなったのち、妻が「あのときは、夫にこんなことを言ってしまったけれど誤解だった。私が間違っていた」と理解したとします。そこで、夫もある程度浄化が進んで「自分も妻に対して頑固で、横暴だったな」と反省し、お互いが会って心の整理をしたいと思えば、再会できます。現世では喧嘩になっていたことが、浄化が進んでお互いが理性的になれば、喧嘩にならず話ができるからです。「あなたが先に死んで、苦労したのよ」「そうか、すまなかったな」と素直になれるでしょう。

あの世ですべての真実がわかり、会いたい人に会え、打ち解けられた喜びは、たましいを輝かせます。こうしたことを少しずつ重ねて、たましいは多くの気づきを得て、幽界での階層を上がっていきます。

ただ、ここで少し考えていただきたいのです。このようなお互いの理解や内面の気づきは、本当にあの世でなければできないことでしょうか。

現世にいる今でも、感情的にならず理性を持ってお互いを理解しようと努力したり、内観をしていけばできることではありませんか？

私はいつも、「涙目でものを見てはいけない。感情ではなく、理性でものごとを見つめましょう」と、申し上げています。たましいの浄化はなにもあの世だけのことではなく、現世に生きているうちから、できるはずだからです。現世の私たちは、肉体という物質はあれど、たましいの存在なのですから。そういう意味でも、あの世とこの世は物質があるかないかだけの、とても似た世界なのです。

それとともに、夫や妻と同じお墓に入りたくないというようなこだわりは、無意味だということもわかるでしょう。お墓のなかで一緒に過ごすどころか、あの世でも一緒に住むわけではないからです。

## 現世とのつながり

幽界に行っても、現世から遠く離れたわけではありません。もちろん物理的な距離があるわけではなく、想念の世界ですから、現世のことは見えていますし、生きている人たちの思いを感じ取ることはできます。

現世での供養も気持ちも伝わります。

例えば、お花。仏壇やお墓にお花を供えると、その気持ちが想念となって伝わり、あの世にお花が現れます。現世で供えるお花が豪華である必要はありません。想念ですから、心がこもっていれば、あの世のたましいはたくさんのお花に包まれるでしょう。

また、幽界にいるたましいは、自分と向き合って浄化の旅を続けていますが、現世で懸命に生きる人たちの姿や思いは励みになりますし、気づきにもなります。

前述したように、お酒や食べ物に執着していた故人に現世の人が「もうおしまい。執着はしないでね」と話しかけることも、気づきにつながります。あるいは、些細なことをいつまでもくよくよと考えていた人が、「もう吹っ切って生きていこう」と、心を新たにすれば、亡くなった人も「ああ、自分もぐじぐじ考えている場合じゃないな」という思いに至ります。

実はこうして本を読みながら、浄化やあの世のしくみについて学ぶことも、たましいの目覚めを助けることになるのです。生きている人間が学んで理解したことは、亡くなった人に連鎖するように伝わり、浄化を促すからです。

同じお墓に入りたくないというこだわりが無意味だと前述しましたが、生きている人がそれを理解することで、すでに亡くなった人がそのことに気づくこともあります。お墓に対する執着から解き放たれて、浄化の旅を進めることができるのです。

ところがその一方で、現世にいる人が亡くなった人を困惑させることもあります。「あなたがいないと生きていけない」と、いつまでも泣き暮らしているような場合です。

あなたが、亡くなった側だと想像してみましょう。最初はみんな寂しいので、悲しみます。でも、ずっと泣き続けられたらどうでしょうか？　あなたは死を受け入れ幽現界から幽界に移り、自分と向き合っているのに、現世で家族が泣き暮らしているとしたら……。自分にとって大切な人であればあるほど、心配になりませんか？

「この先ちゃんと生きていけるだろうか」「ごめんね。自分がいなくなったから、こんなことになっちゃったんだね」「ああ、やっぱり自分がそばにいなくちゃダメだ」

これでは自分の浄化に専念できませんし、生きている側も、亡くなった側もつらいだけ。お互いに不幸ではないでしょうか。「あの世であなたに会ったとき、たくさん楽しい話ができるように、私も前向きに生きていくからね」と思ってくれたほうが、亡くなった人も安心して「わかった、じゃあいずれこっちの世界で会おうね」となるでしょう。

大切な人を失うと、自分だけ楽しむ気になれないという人もいるようです。でも、あの世のたましいは、現世の人と一緒に楽しむことができます。あの世で再会したとき、「こんなこともあった、あんなこともあった」と報告すれば、「うん、ちゃんと見ていたよ」となるでしょう。でも、もし泣き暮らしてばかりいたら、あの世に行ってから「せっかく長生きしたのに、何をやっていたの？」と言われるかもしれません。

だから、「自分だけ楽しめない」などとは思わず、「たくさん土産話ができるように、楽しいこともいろいろ経験して味わうからね。そのときは私を通して一緒に見てね」と思ってください。

第二章でも詳しくお話ししますが、本当の供養とは亡くなった人を心配させず、浄化へと促すエールを送ることです。悲しみは誰にでもあります。でも、それを愛で乗り越え、明るく生きることも供養なのです。

実は、相手を心配しているのはむしろ、亡くなった人のほうです。なぜなら、生きている人のほうが大変だからです。肉体があるから、病気やケガの心配がある。お腹が空けば食べなければならないし、食べるためには働かなければなりません。肉体や物質があればこその苦労が、現世にはたくさんあるのです。だからあの世の人たちは、「大丈夫かな？　大変だろうけど、頑張って生きてね」と、思っているのです。そんなとき、現世の人たちが「自分は大丈夫。頑張って生きていくよ」となれば、あの世でも「自分も頑張るよ」と浄化の旅に専念することができます。

あの世とこの世で心が通じ合い切磋琢磨《せっさたくま》すれば、お互いのたましいがいっそう輝きだすのです。

## 浄化の度合い

浄化の度合いというのは、現世と密接につながっています。「愛する人を亡くした人は、亡くなった人に許しを請いたいという思いが、心のなかにある」と述べました。それは亡くなった人も同じであると。

浄化は、お互いが許し、許されて、納得していくことでもあると言えるでしょう。

現世で生きる人の思いは、あの世の人たちにテレパシーのように伝わります。亡くなると、誰もが霊能者のように人の心を感じ取れるようになるからです。

現世の人たちは亡くなった人に対して、「生前、もっとこうすればよかった」と思うことがあるでしょう。しかし、生きている人が自分自身に折り合いをつけて、「パーフェクトはないんだ」とわかっていくと、亡くなったたましいもそれを理解していきます。そこから「こうすればよかったのにゴメンね」と心から思えば、「いや、いいんだよ。精一杯やってくれたよ」と亡くなった人も思うものです。

まるで二人三脚のように、あの世とこの世は相通じています。

だから、自分のなかでの「許し」ができると、相手のなかでも「許し」ができるのです。亡くなった人が浄化できているかを気にする人は多いですが、自分の心に聞いてみてください。いつしか自分の心にあったわだかまりの意識がなくなったときが、相手のわだかまりもなくなるときです。自分の心の視野が広がれば、亡くなった人も同じように視野が広がっているでしょう。「親の背を見て子は育つ」の逆が供養。「生きている子の背を見て、亡くなった親が浄化する」のです。

死後の世界では、先に亡くなっている人とも会え、生きている人も見え、思いもわかり、さらにはアカシックレコードですべてが明るみになり、どんどんいろんなことがわかってきます。自分自身と向き合うなかで、心の視野が広がれば、自由になって、凝り固まった心も自然にほどけていくでしょう。

では、浄化の度合いを幽界の階層とあわせて見てみましょう。

幽界の最下層部には、物質主義的価値観が強く、強欲で底意地の悪いたましいが集っていたりして、地獄のように感じるかもしれません。ただ、地獄と名のつく所があるわけではなく、自らの心の映し出しですから、実際に閻魔大王がいたり、業火《ごうか》に焼かれるようなことはありません。足を引っ張り合い、騙し合うような、世俗にまみれた小我があふれる世界ですから、当然心の状態は暗くて陰鬱《いんうつ》です。小我とは自分の幸せや快楽だけを考える、身勝手な心持ちです。ここで己の身勝手さを見つめ、わずかながらでも改めていくうちに心の視野が広がり、少しずつ自分以外の人や世界の幸せを願う、広く大きな心へと目覚めていきます。それが大我の心です。

浄化がさらに進んで、どんどんと階層が上がると、大我に目覚めつつあるたましいばかりの上層部へと移っていきます。許し、許される、調和のとれた世界。明るく、癒やしに満ちた天国のようなところです。下層部とは違う、心からの気持ちよさや素晴らしさを感じることができるでしょう。あまりに心地よいので本当の天国だと思うたましいもいるようですが、まだまだ先があります。

心地よい幽界の上層部にいても、まだ完全に浄化しているわけではありません。たましいのよい部分が表面化しているだけで、本質は変わっていないからです。心地よい世界のなかでだんだんと大我に目覚めていくと、いっそうたましいの内側を見つめるようになり、

「もっと他者に貢献できるたましいになりたい」という気持ちが強くなります。そのために必要なものはなんだろうか。もっと自分の本質を理解し、たましいを成長させたい。もっと自分の悪い部分をあぶり出し、しっかりと見つめて、根本から変えていきたい。そう強く願うようになるのです。

## 霊界へ、そして現世への再生

大我に目覚め、「他者に貢献できるたましいになるために、もっとたましいを磨きたい」と思ったとき、たましいは霊界に進みます。このとき、名前や性別、姿は必要なくなり、光の存在となります。幽体をも脱ぎ捨てるので、〝第二の死〟などと表現されます。

霊界に進むまでには、現世の時間で言えば一般的に三十年から五十年ほどかかるとされています。ただ、あの世に時間の感覚はありませんから、これもあくまで目安にすぎません。

霊界に進んだたましいは、類魂《るいこん》たちがいるグループ・ソウルに溶け込みます。渾然《こんぜん》一体となった状態です。グループ・ソウルには、それぞれのたましいが積んだ経験と感動が溶け込んで、叡智《えいち》となっています。グループ・ソウルは霊界にいくつも存在しており、もともとあなたはそのうちの一つのグループ・ソウルから生まれてきました。ですからそこがたましいのふるさとであり、類魂はたましいの家族です。現世で見守ってくれる守護霊も、同じグループ・ソウルのたましいです。あなたが現世で試練に見舞われているとき、たましいの成長のために必要とされるときにもたらされるメッセージやインスピレーションは、グループ・ソウルの叡智によるものです。

私たちが三十年前のことをどのくらい覚えているかといえば、曖昧《あいまい》なことも多いはず。例えば、幼い頃に近所の子どもと喧嘩をした記憶はあっても、その相手の名前や顔をはっきりとは思い出せないことがあるでしょう。でも、喧嘩で悲しい思いをしたり、仲直りできて嬉しかったという記憶はあるはずです。それと同じで、グループ・ソウルに溶け込むときに細かな記憶は消えても、現世での経験は残ります。ですから、あの世に持って帰れるのは経験と感動だけ。その経験と感動が叡智の元となるのです。

グループ・ソウルについて、私はいつもコップと水で喩えています。一杯のコップに入った水がグループ・ソウル。そのなかの一滴の水が飛び出し、現世に生まれます。現世でさまざまな経験と感動を得て、たましいを磨き、霊性を向上させることができれば、その一滴の水の濁りがとれて透明になります。そして、グループ・ソウルに帰り、再びコップのなかの水に溶け込むと、その一滴分だけコップの水も透明度が増すのです。ですが、いつも透明度が増すとは限りません。現世にいる間に怠惰な生き方をして、霊性を下げて帰れば、当然水は濁ってしまいます。そんなことを繰り返しながら、いつかコップ全体の水がすっかり透明になったとき、グループ・ソウルは神の領域「神界」へと進むことができるのです。

　しかしそれはまだまだ先のことなので、まずは霊界でのたましいの道筋からお話ししましょう。

　霊界で大我に目覚めたたましいは、グループ・ソウルというコップの水をもっと透明にしたいと考えます。つまり、さらにたましいを磨くことを決意し、経験と感動を求めて、現世に再生するのです。現世には物質があり、肉体をまとうことで、自分では思うようにならないことばかりになります。人間関係でつまずいたり、感情に振り回されて涙するなど、さまざまな試練があるでしょう。しかし、それらを乗り越えたときに喜びを味わえる。

たましいを磨くには喜怒哀楽がいっぱいの現世に行くのが一番なのです。

例えば、体を鍛えるために、トレーニングジムではわざわざ重いバーベルを持ち上げます。今の重さがクリアできたら、次はより重たくして負荷をかけたり、違うトレーニングで鍛えるでしょう。それと同じで、今度はどんなカリキュラムで生きればやり残した課題をクリアし、よりたましいを磨けるだろうか、より大我の心を持てるだろうかと考えて、生まれる国や家族を決めていきます。より新鮮に感動し、経験を積めるように、生まれるときにこうした経緯は忘れてしまいますが、間違いなくあなた自身が選んだ、たましいを磨くためのカリキュラムです。

このように何度も再生を繰り返し、さまざまな課題を乗り越えながら、私たちはたましいを磨いているのです。

**最終目的地は神界**

前述したように、グループ・ソウルをコップの水に喩えて言えば、水が完全に透明になったとき、神の領域である神界へと進むことができます。完全に浄化した神との同化です。

これを願わないたましいはありません。

ですがここまで振り返ってもわかるように、神界へと行き着くのはかなり長い道のりです。また、幽界や霊界のイメージを描くのもなかなか難しいなかで、神界がどんなところかは想像がつきにくいでしょう。

でも今はそれでいいのです。少し乱暴な言い方ですが、すべてはあの世へ帰ればわかります。私たちはもともと、たましいのふるさとにいたのですから、帰ればちゃんと思い出すのです。ならば、今は精一杯、現世の旅を味わいましょう。

心地よい天国のような世界から、わざわざたましいを磨くためにこの世へとやってきたのです。その意気込みたるや、素晴らしいもの。現世に再生するときなど、あの世のたましいたちは「現世で修行？　うわぁ、偉いね」というような感じです。それとともに、グループ・ソウル全体の向上のために現世に再生するのですから、みんなが応援しています。ですから肉体の死を経て、たましいのふるさとに帰ったときは「よく頑張ったね。お帰り」と喜ばれます。たくさんの経験や感動は、グループ・ソウルの叡智となり、大我の心とともにすべてのたましいの向上へとつながります。

たましいの長い旅のなかでは、現世の人生はどんなに長生きしたとしても瞬くほど短い旅にすぎません。肉体の死も、通過点のようなもの。ですが現世で得られる経験と感動は、大きな財産であり、かけがえのないものです。今、この瞬間でさえも、無駄にはできないのです。

## 三 後悔を抱いて「死」を迎えるということ

### あなたの死に方と死後を探る

生きていたときの心の状態と同じ階層に平行移動するなどといった死後の世界を理解すると、〝人は生きたように死んでいく〟という言葉の意味が、だんだんとわかってくるのではないでしょうか。

そして、あなたは今、きっとこう思っていることでしょう。

「自分はどんな死に方をするのだろう。死の瞬間、何を後悔し、何に執着し、そして死後はどんな道をたどるのだろうか」

そこでここからは、あなたの死に方と死後にたどる道を知るヒントとして、亡くなるときに抱く〝後悔〟を軸にさまざまな死の具体例を述べていきます。

なぜ〝後悔〟を軸とするのかは、もうおわかりでしょう。生者と死者が求める〝許し〟の元であり、死後にたましいが学びを得る大きな課題でもあるからです。

人は誰しも、大小の違いはあれど後悔を持って生きています。あれでよかったのだろうかという人生の選択、法律に触れるようなことではないけれど犯してしまった小さな罪。何かしらを心の奥に抱えながら、それが自分の死に方や死後の世界に影響するのではないだろうかと、心のどこかで思っているのではないでしょうか。だからこそ、言い伝えや教訓めいた話に苦しむ人もいると前述したとおり、後悔を抱いて死ぬことを恐れる人は多いのです。

過去のカウンセリングでは「身内がこんな亡くなり方をしたのですが、今、苦しんでいないでしょうか」という相談をよく受けました。

特に病気で苦しんだり、災害や事故で突然亡くなったり、事件に巻き込まれたりといった亡くなり方をすると、身内の方は気になるでしょう。と同時に自分がもし、そういう死に方をしたらどうなるのだろうということが、死の恐怖、死後の恐怖につながっているように思います。

死に方と後悔は関係があるのか。そして、死後にどんな学びがあるのか。幽界ではどのようなステージに行き、たましいは何を思って過ごすのか。さらには現世に再生するときはどんな課題を持つのか。

これから述べるいくつかの具体例を知れば、漠然とした恐怖ではなく、前向きに生きるためのヒントが見えてくるはずです。

私は前向きに生きることの意味を、取り違えないでほしいとよく言っています。靴紐が解《ほど》けているのに気づきながら、「大丈夫、大丈夫!」と笑ってそのまま歩き続けるのは〝前向き〟ではありません。立ち止まって靴紐を結び直してから、歩き始めることが大事なのです。あなたは今、人生を振り返る機会を得ています。この先の人生を前向きに生きるために、靴紐を結び直すチャンスと言えるでしょう。

多くの方は自分がどんな死に方をするか、想像がつかないかもしれません。でも死は誰にでも必ずやってきます。だからこそ、あえて想像していただきたいのです。

まずはこれからお話しするさまざまな死を、自分のこととして想像してみてください。〝人は生きたように死んでいく〟という言葉の意味、その重さ、そして、なぜ死を考えることが、生を充実させることになるのかが、今以上にわかっていただけるはずです。

## 適切な医療を拒む・延命治療・尊厳死について

病気の治療で、自己治癒力だけに頼ったり、自然療法だけを望む場合があります。なかには適切な医療や薬の摂取さえ否定するようなヒーラーに従ってしまったり、体にメスを入れることを自ら拒んだりする人もいます。

自然療法を否定する気はありませんが、極端に科学を否定するのはいかがなものかと、私は思います。なぜなら、現代医療をもって適切な治療をすれば助かるのに、それを拒み続けて手遅れになり、そのまま亡くなるケースもあるからです。

厳しい言い方になりますが、こういう場合は、生きられる命を自ら放棄していると、私には感じられてならないのです。

現代医療や科学の進歩により開発された手術や医薬品は、私たち人間が研究し、作ったものです。それはいわば、私たちが受け入れなければいけないカルマです。自分が直接作ったものではなくとも、この時代に生きる者としてのカルマなのです。

医療が発達していなかったころは、結核で死ぬこともありました。それはその時代のカルマだったでしょう。でも、今は治療法も開発され、結核で死ぬことはなくなった。そのカルマを受け入れて、生きなければいけないのです。

ですから治療や手術に関して、もし命の助かる可能性が五分五分だというのなら、あえてその治療や手術を受けるべきだと、私は思っています。最後の最後まで希望を捨てってはいけないし、生き抜かねばならないのです。

なかには、やってみないとわからないという場合もあるでしょう。例えばその手術で、「開腹してみたけれど、手がつけられずそのまま閉じてしまった」というケース。また、残念なことですが手術中に亡くなる場合もあるかもしれません。その場合は、それが寿命と受け入れるしかありません。精一杯、生き抜いた末の結果です。

もちろん、すべての医療の進歩を手放しで歓迎していいとは思っていません。特にデザイナーベビーやクローンといった生命の誕生に関しては倫理観を持たねばならないし、神の領域に触れることにはストップをかける判断も必要でしょう。

しかしながら治療ということに関して言えば、この世で発明されるものは、あの世からも認められています。治療を受け入れて「生きなさい」というメッセージだと思うのです。改めて言いますが、病気そのものもメッセージです。そこから学ぶべき何かが必ずあるのだと理解し、しっかり向き合わねばなりません。

では、尊厳死や延命治療はどうでしょうか。

尊厳死というのは定義が難しいものの一つです。もう余命がわずかで助からないとわかった段階で、緩和ケアなどで痛みをコントロールして死を迎えるのは、自然な死であり、生き抜いたと言えるでしょう。

しかし、まだ治療の余地がありながらも、苦しみが続くことを避けるためだけに死を選ぶのであれば、やはり適切な治療を拒む場合と同じで、自殺に等しいと言わざるを得ません。長引く治療で家族に看病の迷惑をかけたくないと、死を望むのも同様です。

もし家族に看病させたくないと思うなら、孤高に死んでいく道もあるはずです。自分で病院を手配し、治療法を決め、家族の看病はいらないと伝え、死んだ後の葬儀はこうしてくれと遺言を記すこともできます。それらの道を探ることなく死を望むのは、乱暴に聞こえるかもしれませんが、怠惰《たいだ》ではないでしょうか。

延命治療は、自分が生きようとして自ら選ぶのであれば、否定はしません。最期まで生き抜こうとする意志の表れだからです。ただ、実際は本人の意志ではなく、周囲の家族の思いや執着であることのほうが多いのではないでしょうか。それがときには、「本人も生きたいと思っているはず」という、すり替えになってしまうことも……。よくよく分析してみれば、「どんな状態でも生きていてほしい」と願う、家族の執着である場合がほとんどだと感じます。

霊的視点から見れば、延命治療をしている間は肉体とたましいがシルバーコードでかろうじてつながっている状態です。定められた寿命が来てあの世へ帰ろうとしているのを、足かせをつけて引っ張っているようなものです。

それは本当に本人が望んでいる状態でしょうか。「呼吸しているだけでもいいから生きていてほしい」と、願う理由はなんでしょう？　家族が死という現実を受け入れたくない、逃避なのではないでしょうか。その本心ときちんと向き合ってほしいのです。

本人の生き抜く意志であれば延命治療を否定はしないと申し上げましたが、誤解を恐れずに言えば、それで数日間生き延びたとしても、寿命が延びたわけではありません。あの世からみれば、そう違いはないのです。

最近では、〝胃瘻《いろう》〟という選択を迫られる場合も多いようです。口から食べるのではなく、胃にチューブを入れ、そこから栄養を直接補給するという方法です。でも、食べるというのは人間の楽しみであり、喜びです。その喜びなしに仮に一年生き延びたところで、本当に「生きた」と言えるのか、とても難しい問題でしょう。

## 生きることを放棄したたましいの思い

生きられる可能性があるにもかかわらず、適切な治療を放棄したり、痛みに耐えられないからと積極的な治療を拒んで亡くなったたましいは、死後に何を思うのか。こうした死を選ぶのは自殺に等しいと前述しましたが、いわゆる自殺したたましいも含め、みな後悔します。

何を後悔するのか。

最期まで生き抜かなかったことを後悔するのです。

自殺をした人は地獄に堕ちるというようなイメージを持っている方もいるでしょうが、業火に焼かれるといった地獄はありません。行くのは、そのときの自分のたましいの波長に合った階層です。後悔というネガティブで暗い気持ちのなかで亡くなっていれば、行くのも当然、暗い階層でしょう。そのなかで、自分の現世での生き方を反省することになります。つらい学びの時間かもしれませんが、それは決して罰ではありません。自分が二度と同じ過ちを犯さないように、なぜそうなってしまったかを、一つ一つ考える必要があるのです。

あの世に行くと、まず最初に、たましいが死して死なないことに気づくでしょう。死ねば終わりだと思っていたのに、死んだからといって終わりではなかったのだと。そして浄化が進むにつれ、なぜ自分が現世に生まれたのかを理解します。すべてのたましいは、さまざまな経験と感動を得るために、精一杯生き抜きたいと強く望んで現世に生まれてきます。自分の未熟な部分を克服するためです。なのに、自分は生きることを放棄してしまった。そこで、自分のこだわり、例えば「自然療法にこだわって科学的な治療を積極的に受けなかった」ということに気づきます。「些細なこだわり、頑固さだった」「偏った考えにとらわれ、違う見方ができなかった」「自分はその生き方が素晴らしいと思っていたけれど、ただ自分を美化していただけの小我だった。そのために命を削ったのだ」と。

そして、なによりも悲しんでいる家族を目の当《ま》たりにします。「どうしてちゃんと治療を受けてくれなかったの？」と泣いている家族を、あの世から見ることになるのです。

状況は少し違いますが、自分を貫くことで後悔する例をお話しします。

今は少ないでしょうが、家族から離れ、一人で修行として山籠もりや祈禱《きとう》などをするというのが、昔はよくありました。自分のたましいを鍛えるために、あるいは世の平和を願って、修行や祈りを懸命にする。家族を捨ててまで信念のために厳しい修行に取り組むのは、一見すると素晴らしいことのように思えます。でも死後、彼らは家族を泣かせたことへの後悔を抱くことになります。仮に修行や祈りの目的が家族の平安のためであったとしても、そのために家族が寂しさや苦労に泣いていたことの矛盾に気づくのです。

現世では里の行《ぎょう》のほうが大変だと、私は思います。里の行というのは、家族のために働き、子育てをするということです。自分の思うままにならないことばかりで、それこそ修行です。それをせずに修行と称して籠もるのは、現実逃避であり、怠惰ではないでしょうか。

ここに挙げた例は、家族を泣かせてまで、治療方法にこだわる姿と似ているような気がしませんか？　自分のストイックさに酔いしれ、偏った考えに執着していた後悔、家族に許しを請いたい気持ち。あの世ですべてが見えると、「やるべきことをやらずにいた自分は弱かった。もっと果敢に現実に立ち向かうべきだったのだ」ということに気づくでしょう。

あとちょっとの頑張りを持てず、最期まで生き抜かなかったことが強い後悔となると、浄化も滞ってしまいます。そして、いずれ霊界までたどり着いたたましいは、また自分の残した課題を克服するために再生します。自分が一番後悔していることを、今度はクリアしたいと思いますから、同じような人生を歩むことになるでしょう。

考えてみてください。苦しいことにまたチャレンジしなくてはいけないのであれば、こだわりを捨て、現実から逃げず、精一杯生き抜く努力をして、命をまっとうするほうがいいとは思いませんか。亡くなったときに、自分はよくやったなと、思いたくはないでしょうか。

ただし、延命治療については少し複雑な面があるかもしれません。

本人の意志であれば、そこまでして自分が生きたということからの学びはあるでしょう。ただ延命治療で寿命が大きく延びるわけではありませんから、「寿命としてあまりかわらなかったな」と思うかもしれませんし、「なのにしがみついてしまったのは、執着だったな」と思うこともあるでしょう。

一方で、家族が望んだだけの延命治療であれば、それは家族にとっての後悔につながります。ですが、延命治療をしないということをきちんと家族に示していなかったことは、本人の責任ですし、結果として家族にそのような選択をさせてしまったことも後悔するでしょう。延命治療もまた、意志を示していなければ、生きる側、死ぬ側ともに、後悔を抱くことになるのです。

## 生き抜かなかった後悔と許し

自殺やそれに近い死では、現実逃避をしたという後悔から、死後、自分自身をより深く見つめることになります。

後悔しているのは、自分の傲慢《ごうまん》さという過ちについてです。適切な治療や手術を拒んだというこだわりや妄信の奥底に、傲慢さがあったことに気づくと、人は謙虚になります。では謙虚になるとはどういうことかと言えば、許しを請うことではないでしょうか。

そこで必要となるのは、生きている側の許しです。生きている側が、〝精一杯生き抜かずに死んだという事実〟をまず受け入れ、亡くなった人への許しを持つことが大切になります。

遺された人たちは、最初のうち、「なんで、手術を拒んだの？」「どうしてあきらめてしまったの？」と、思うでしょう。でも、亡くなった本人が一番それをわかっています。ですからいつまでも責めるようなことを言い続けるのではなく、弱い人を弱かったと、ちゃんと認めて、理解し、受け止めてあげる。「手術が怖かったんだね」「現実逃避しちゃったね」と認めてあげるのです。

そして、生きている側が精一杯の生き様を見せましょう。生者と死者は二人三脚でつながっているのですから、現世の人たちを見れば、亡くなったたましいも「そうだ、自分もあんなふうに頑張るべきだったんだ」と気づきます。それが亡くなった人への許しであり、浄化の手助け、供養なのです。

たましいの浄化の過程は、それぞれです。許し、許される過程も人それぞれ。今ここで「許します」と言っても、すぐに「はい、許されました」というような単純なものではありません。でもどんな道のりを経たとしても、いずれは内観のなかで自分自身を理解し、癒やしを得て、霊界へと入って行くでしょう。

ここで、現世での亡くなり方が自殺という形ではあっても、たましいのうえでは自殺ではないケースもお話しししておきます。

それは、第二次世界大戦時に集団自決をしたひめゆり部隊のような場合です。

彼女たちは、戦争という国のカルマ、時代のカルマを引き受けながら生き抜いた、勇敢なたましいだったと言えます。当時は、辱めを受けるくらいなら自ら命を絶つことを徹底的に教育した時代でした。そんな時代にあって戦争の最前線にいた彼女たちは、生と死の狭間で葛藤し、究極に追い詰められていきました。懸命に生きたいと思いながらも、死を選ぶほかに術はなく、最後はやれることはすべてやったと思って死んでいったのです。

これは逃避ではありません。命の放棄でもありません。見た目の形は自殺であっても、本当の意味でのたましいの自殺ではないのです。

もっと生きたかったことに間違いありませんが、それでも彼女たちには、生ききったという充実感があるでしょう。そのことに後悔はないはずです。あるとすれば、遺した家族への思いだけ。親より先に死ぬことの申し訳なさや、幼い弟妹の行く末への気がかりがあったでしょう。でも、遺された家族が彼女たちに恥じない生き方をしていたなら、彼女たちは安心して浄化したはずです。

このように、形は自殺であっても自殺とは呼べないものもあれば、病死なのに自殺と変わらないものもある。そこにある違いは、最期まで命の限り生き抜いたかどうかであり、それが一番わかるのは自分自身なのです。

## 事故死・災害死の後悔

事故死や災害死の場合、現場の状態や遺体の損傷を見ると、現世の人たちは心を痛めます。ところが、事故や災害で死ぬ場合、ほとんどが一瞬の出来事。そのため、本人の肉体的な苦しみも一瞬で、多くは感じていません。意識不明で運ばれてから亡くなるという場合も、本人は寝ぼけているような感覚で、苦しみはありません。たとえ痛みがあったとしても、たましいが肉体から離れたあとはその痛みを感じませんし、肉体として手足を失っていたとしても、想念での体はなんともないのです。

それだけに、死んだという自覚がないことが多いのも事実です。

例えば、九死に一生を得た人が「『危ない！』と思ったところまでは覚えているけど、あとのことはわからない。気がついたら病院だった」などと言います。気づいたとき、「『生きているの？　死んでいるの？』と思った」と。

最初に「自分が生きているか、死んでいるかわからない」と思うのは、亡くなった人も同じです。違うのはその先。自分のお葬式を見るなどして、自分の死に気づくことです。

そこで泣いている家族を見て、「あぁ、家族を泣かせちゃったな」という気持ちが湧いてきます。夢が実現できなかった悔しさ、予定していた旅行に行けない残念さ、好きな人に会えない寂しさなども感じるでしょう。このような現世への執着を抱くことで、突然の死への無念さや、自分が事故を起こしたのであれば、「なんでもっと気をつけなかったのだろう」という後悔に至るのです。

もしあなたが家のなかの一切を管理していたとすれば、家族は通帳や印鑑のありかさえわからないかもしれません。必死に捜す家族を見て、「そっちじゃないよ。寝室のタンスの隠し棚の奥だよ」と話しかけても家族には聞こえず、もどかしく思うでしょう。さらに、お葬式のやり方からお墓のこと、相続まで、家族や親戚が揉める姿を見れば、「エンディングノートを書いておけばよかった」「生きている間にちゃんと伝えておくべきだった」と後悔するはずです。そして、「準備をしないまま突然死んでしまって、家族やまわりの人に迷惑をかけてすまない」と、許しを請うことになるのです。

事故や災害に巻き込まれるのは、自分が積極的に引き起こしたことではないですが、予測がつかないからといって、考えなくてもいいわけではありません。突然の死に対する準備は、エンディングノートや遺言書を書いておけば、誰でもできるものだからです。それをしていなかったことの後悔が、浄化を遅らせるかもしれません。

## 殺されて亡くなったたましいの行方

現世には、理不尽だと思うような亡くなり方をする場合があります。殺人による死も、その一つでしょう。どんな理由であれ、人を殺す正当性はありませんし、宿命による寿命があったとして、殺人という死に方までを決めてくるたましいはありません。結果的にその死が、社会になんらかの問題提起のきっかけになったとしてもです。

殺人には、殺す立場と、殺される立場がありますが、両者のたましいの行方には違いがありますので、分けてお話ししたいと思います。

まず、虐待死なども含め、殺されて亡くなるということからお話ししましょう。

殺されたたましいは、事故同様、突然の死に対する無念さがあるでしょう。現世に思い残したことがあれば、その未練もありますから、自らの死を受け入れるにも最初は葛藤があるかもしれません。けれど、やがて浄化していきます。

ただし、幼い子どもが亡くなった場合は少し違います。現世にいた時間が短く、あの世の世界のほうに心が近いため、大我でものごとを見ています。そのため人を恨んだり、誰かのせいにすることがほとんどありません。たとえ親に虐待されても、それは「自分が悪い子だからかわいがられなかったのだ」と解釈し、親のせいにはしないのです。

現世に対する執着や長く生きたかったという未練もあまりありません。あるとすれば、お父さんやお母さんに会いたい、恋しいという気持ちぐらいです。私は、虐待されてもなお親に謝ろうとしたり、親を恋しいと思う幼い子どもの霊を視ることがあり、とても切ない思いでいっぱいになります。

幼い子どもは、ある意味大人よりもあの世のしくみを理解していると言ってもいいでしょう。肉体の死についてもすぐに理解しますから、幽界に行くのも早いのです。幼くして亡くなった子どものたましいよりも、長生きした大人のほうが、現世への未練や執着が残っていたりします。

そして亡くなった子どもは、すぐにあの世で面倒を見てくれる人に出会います。それはおじいさん、おばあさんといった身内であったり、あるいは見知らぬ人であったりさまざまでですが、状況や必要に応じて何人も現れます。親のように、あるいは保育士さんのように親身に世話をしてくれる人たちがたくさん、あの世にはいるのです。その多くは、不妊などさまざまな理由から、現世で子どもを育てられなかったたましいたちです。現世で子どもを持てなかったぶん、あの世で子育てをする役目を担い、自らの学びともするのです。

現世では幼かった子どもも、浄化とともにある程度まで成長します。霊視をすると、想念による見た目でも成長し、堕胎を含め赤ん坊のときに亡くなった場合でも、二十歳ぐらいまでの姿に成長するようです。

大人でも子どもでも、殺されたという無念な亡くなり方はしても、あの世ではちゃんと浄化していきます。

でも、殺された人の遺族にとっては、「助けてあげられなかった」「守ってあげられなかった」という後悔があるでしょう。気持ちはわかりますが、あまりに強い後悔は亡くなった人にとっても執着になります。いつまでも自分を責めていると、あの世のたましいもつらくなります。もう一度、本当の供養の意味を思い出していただきたいのです。いずれあの世で会うときのことを考えてみてください。悲しみを抱いていても、つらい思い出は消えなくても、生活をストップさせてはいけないし、前向きに生きていかなくてはならないとわかるはずです。

### 殺人を犯した後悔を抱いて死ぬこと

どんな理由であれ、人を殺すことに正当性はないと申し上げました。怨恨などのトラブルがあったとしても、それは暴力や殺人に発展する前に、努力して乗り越えていかなければならないのです。

死後、自分のしたことのすべてを振り返って、反省しなくてはならないと前述しました。殺人を犯したことも、たましいにすべて刻まれていますから、言い訳は一切できません。自分がいくら否定したり、目を背けても、事実を突きつけられます。忘れたいシーンや嫌だと思う場面を何度も見せられるとしたら、それこそが地獄の苦しみではないでしょうか。

人を殺そうと思って生まれるたましいはありません。生まれながらの極悪人もいません。そんな宿命などないからです。あるのは、自分で変えることのできる運命だけ。

忘れてはいけないのは、幸せな人は意地悪をしないということ。では、人を殺《あや》めるほど自分が幸せでないと感じていたのはなぜか。親、あるいはそのほかの人たちとの人間関係なのか、出来事なのか、何がどう連鎖してそのような心持ちや考え方を持つようになったのか。現世での歪んだ経験と感動が連なり、殺人を犯すまでになった経緯を遡《さかのぼ》って、自ら分析し、理解する必要があります。精神的に病んで殺人を犯してしまった場合でも、なぜそのように病んだのかを振り返らなければなりません。

最初は、「でも」「だって」といった言い訳の繰り返しでしょう。「そんなに悪いことをしたとは思えない」「相手が悪い」「仕方のないことだった」と、反発したくなるかもしれません。そのたびに、「ではこれはどうだ?」とばかりに、別の真実を見せつけられます。そうやって一つ一つ振り返る過程で、少しずついろいろな学びをしながら、自分が犯したことの重大さも理解していくことになります。

あの世には、守護霊もいます。ときにはその導きもあるでしょう。でも、自分がしたことを一番わかっているのは、やはり自分です。事実を認めたとき、その後悔は計り知れないくらい深いはずです。

これは決して罰ではないのです。わかりづらいかもしれませんが、殺人をしたからあの世で裁かれるとか、突然地獄に送られて、断罪されるとかいう単純なものではありません。なぜ自分がそんなことをしたのか、なぜ悪いのかを理解するために、人生のすべての真実と向き合い、時間をかけて学ぶ必要がある。それはまるで、地獄のような苦しみだろうということです。別の言い方をすれば、殺人を犯したものを裁かずとも、いずれ必ず本人が、その罪を自分で贖《あがな》うことになります。

本当の改心というのは、心からの反省をしてこそ得られます。表面的にわかったつもりになったり、その場をクリアしたように思えても、たましいで理解するまでそれは続くのです。

悲しいことですが、子どもを虐待しながらも反省しているとは思えない親もいます。でもそんな親でさえ、死んだ後にはすべてを理解し後悔します。手をかけた子どもに、あの世で会うときが来て、そこで自らの行いを振り返り、反省するのです。

悔やみながら堕胎をしたという場合もあるでしょう。「生んであげられなくて、可哀想なことをした」と思っている人もいますし、中絶しなければ母体が危ないという場合もあり、動機次第ですから、何が正しいかを一様に決めることはできません。しかし、無計画な妊娠による堕胎については、厳しさを持って言えば、殺人と同じです。

あの世ではいつか、亡くなった子どもに会うことになるでしょう。

幼い子どもはあの世で成長していくと述べましたが、あの世で会うときには、成長した姿であっても、ちゃんと自分の子どもだとわかります。実は自分が生きている間に、覚えていなくても夢のなかで会っていて、成長の過程も見ています。亡くなるとそのすべてを思い出しますし、なによりも現世での親子の絆から、たましいが共鳴し合うようにわかるのです。

殺人を犯したものとその被害者。許しを請いたいものと無念を抱くもの。あの世では、何が正しくて、何が間違っているのか、すべての真実がわかるところで互いが会います。理性で理解し、謙虚に自分を認め、非があるときは、素直に謝ることになるのです。

## 介護にまつわる後悔

ここからは、現世での法律を犯してはいないけれど、自分のなかにある罪の意識、後悔を抱えて死ぬことについてお話ししていきます。

まずは介護にまつわる後悔です。

介護中についひどい言葉をかけてしまった、あるいは思わず手が出てしまったという話を聞くことがあります。長引く介護で追い詰められ、「早く死んでくれ」と思い、どうせわからないだろうと口に出してしまうこともあるかもしれません。

愛があっても、追いつめられてつい出てしまった暴言や暴力を後悔する人は少なくありません。

では介護された側のたましいから見ていきましょう。例えば認知症を患い亡くなった人だとしても、死後は意識がすっかり元に戻り、認知症だったときにかけられた言葉や介護の記憶など、たましいに刻まれたものをすべて理解します。そのときに、「早く死んでくれ」と言われたことなどももちろん、思い出します。そして、「どうしてそこまで疎まれてしまったのだろう」と、自分のしてきたことを振り返りながら、介護をしてくれた人との関係も見直していきます。親子、あるいは嫁姑の間が不仲だったのであれば、なぜそうなってしまったのか。介護職員と患者という関係であれば、個人的な関係性からなのか、それとも仕事に向き合う相手の姿勢や患者としての自分の態度が原因なのか。一つ一つ紐《ひも》解《と》いていくことになります。

介護した側のたましいはどうでしょうか。もしも「私は介護で人生を棒に振った」と思いながら亡くなれば、なぜそうなったのかを振り返ることになります。最初は被害者的な感情かもしれませんが、人生のさまざまな場面を振り返るうちに、何がそういう思いにさせたのかを理解し、自らも反省すべきところがあったと気づくでしょう。

一方、介護した側が「あんなことを言ってしまったけれど、もっと手厚くお世話してあげればよかった」と思っていたり、「十分な介護ができなくてごめんね」という後悔を抱いていたりする場合は、お互いの理解が比較的早く進むでしょう。「長いこと世話かけてごめんね」「そんなふうに思ってくれていたの？　ありがとう」というように、許し、許されて、きっとお互いが浄化の道をたどれるはずです。

**死に目に会えなかったという後悔**

大切な人の死に目に会えなかったことを後悔する人は多いようです。

しかし、臨終の場面に立ち会えないことを気にする必要はありません。亡くなった側の立場で説明すると、実は〝わざと一人でひっそり亡くなる〟選択をしていることがあるのです。

「一人で逝く」というと、どこか寂しそうに聞こえるかもしれませんが、本人に寂しさはありません。寿命がきて、ふるさとに帰るだけのことだからです。それよりも、ベッドの横でわんわん泣かれたり、名前をいつまでも呼ばれて、あげくに「逝かないで」と言われたのでは、あの世に行こうにも行けなくなります。

それに、ふだん寝ている姿でさえ見られたくない人は多いものです。女性なら特にそうでしょうが、近所のコンビニエンスストアですらお化粧をしなければ行かないという人もいるくらいです。ましてや臨終の場面で、闘病でやつれた素顔や無防備なパジャマ姿を、愛する人はもとより、医者や看護師、親戚など大勢の人に見られたくないと思うのも、理解できるのではないでしょうか。

「一人で静かに逝きたい」と思っている人は、家族が目を離した隙に、スッと亡くなったりします。

死に目に会えなかったことに対する後悔は、生きている側が最期に許しを請いたいという思いの表れではないでしょうか。あるいは、相手は答えないけれど、自分は最期に思いを伝えたという事実を残したいだけ。死んだらもう話せないからと言いますが、臨終のときにお互いが言葉を交わすことはそれほど多くはないでしょう。臨終の間際に何か言っておきたい、聞いておきたいという気持ちは、旅立つ側よりも生きている側の願いではないでしょうか。

後悔すると思うくらいならば、元気なうちから、もっと話しておくべきでしょう。もし、生きている側が「一人で死んでいった」という事実を受け入れられずにいつまでも引きずっていたとしたら、それは相手に対してどうこうではなく、もはや自分の気持ちの問題。自分が許されたいという気持ちにほかなりません。

あの世で会えば、すべてわかるでしょう。「看取ってあげられなくてごめんね」「いやいや看取ってほしくなかったんだよ。だって静かに死にたかったんだから」というような感じで、相手は気にしていないことも多いのです。

災害などで行方不明のまま、遺体が見つからないことを後悔しているのも、これに似た部分があります。

生きている側は、見つけられないことに罪の意識を感じます。でも、遺体が見つからないのは「本人が出ていきたくない」ということでもあります。私が講演会などで「あなたがもし行方不明になっている側だとして、時間が経って肉体の損傷がひどかったとき、その状態で見つけてほしいですか？」と会場の人に尋ねると、多くの人が「見つけてほしくない」ほうに挙手をします。自分が亡くなったときにはそう思うのに、愛する人の遺体は見つけたいと思う。なぜでしょうか？

一つには、その人のたましいが遺体にまだあって、封じ込められているのではないか、そのままずっと苦しんでいるのではないか、という思いでしょう。でもそれが違うことは何度も申し上げたとおりです。なに一つ心配はいらないのです。たましいは肉体を離れ、愛する人のそばに帰ります。そしてあの世で浄化の旅を始めようとしています。もちろん、肉体があったときのような痛みもありません。

そしてもう一つ理由を挙げるとすれば、冒頭でも述べたように、「見つけてあげられないことの許しを請いたい気持ち」と、見つけてあげられない自分の状況に終止符を打ちたい、つまり「区切りをつけたいから」です。なにも「早く忘れなさい」と言うのではありません。故人の気持ちを汲み「きっとまだ出てきたくないんだな」と想像して、心を寄り添わせることが大事なのです。

あの世で会ったとき「実は見つけてほしくなかったんだよ」と言われるかもしれません。いずれ自分もあの世で「肉体は物質だし、全然、頓着することじゃなかったな」と実感するでしょう。ですから、いつまでも区切りをつけられず、後ろ向きな気持ちで人生を送ったことを死後に後悔するよりは、今、現実を受け入れるほうがよいのです。

## 病気の告知に関わる後悔

大切な人が、病気で余命わずかだと知ったとき、本人に病気の告知をする選択をしたのか、告知しない選択をしたのか。いずれを選択した場合もその後悔を抱えたまま見送ったという人も多いでしょう。

告知をされた場合、事実を受け入れて、最期まで命の限り生きようとする人もいれば、耐えられずに絶望してしまう人もいます。また、余命半年くらいというのであれば、好きなことをする時間や心の整理をする時間があるかもしれませんから、告知をするのも意味があるでしょう。しかし、体も自由に動かせないほどギリギリの段階で告知すれば、本人はどうしていいかわからず、困惑するだけとも言えます。

告知は、ケースバイケースと言うほかありません。

私が霊視した例では、亡くなったたましいが「言ってほしかった」、あるいは「言ってほしくなかった」と、生きている側に文句を言い続けることはほとんどありません。寿命ということを受け入れていますし、誤解を恐れずに言えば、「結果オーライ」というような感じで納得するのです。

告知されないまま亡くなったとき、「言ってくれれば、ちょっとやっておきたいことがあったなぁ」という気持ちは多少あるかもしれません。だからといって告知されても、パニックになって「言わないでほしかった」と思うことだってあります。その状況になってみないと、わからないことのほうが多いのです。ですから、結局のところ「どっちにしたって同じだったな」と納得します。

それよりは、「エンディングノートに告知をどうするか書いておかなかった自分が悪かったな」という後悔はあるでしょう。ですから生きている側が、告知をした、あるいはしなかったことの許しを請いたいと思い悩んでいるのを見ると、あの世のたましいは「申し訳ない」と思うのです。

ただ、それはお互いの学びと言えます。お互いのコミュニケーションが不足していたからこその、双方の後悔です。あの世で会ったとき、「お互いどうしようか決めていなかったからこんなことになっちゃったね」と、なるでしょう。

現世にいるうちならまだ間に合います。せめて自分が死んだ後で悔やまないために、そして家族が後悔しないように、告知をしてほしいか、ほしくないか、エンディングノートで意志を伝えておくべきです。

## ペットの虐待から見える人生の道筋

動物のたましいは純粋です。たとえ捨てられたり、保健所に送られたりしても、飼い主を責めることはありません。それどころか「迎えに来てくれるだろう」といつまでも待っていたりします。あるのは捨てられた怒りではなく、悲しさ。その純粋さ、献身的な姿は切なくなるほどです。

あなたがもしペットを捨てたり、虐待した経験を持つ飼い主だとして、亡くなり、あの世に帰ったと想像してみましょう。

あなたは自分の人生をすべて振り返ります。例えば、幼い頃、親に冷たくされながら育ったかもしれません。自分は親のことが大好きなのに、親からは無視される日々。そんな親子関係を見つめているときに、ふと捨てたペットが現れる。「あ、自分は親が冷たいと文句ばかり言っていたけど、そんな親と同じことをペットにもしていたんだ」と気づきます。そこで親の気持ち、ペットの気持ち、自分の気持ちが、ようやく結びついて理解できるのです。

あるいは別の場面で、人から無視されたり嫌われたりしていたことを見つめていると、またペットが現れるかもしれません。人と人、動物と人、いろいろなことを同時に振り返り、学び、そこにカルマがあったと気づきます。自分が無視されて悲しかった気持ちを通してペットの気持ちにも理解が及ぶでしょう。

そうやっていくつもの点と点が、複合的に線で結ばれていくことで、すべての思いに気づいていきます。と同時に、現世での人生で何度も理解するチャンスがあったことも、ようやくわかるのです。

## 欲と悪意を重ねた先に

自分を欲深い、強欲だと思っている人は、あまりいないでしょう。逆に、そういう人たちを恐ろしいと思っているかもしれません。でも、あなたに欲深い部分が決してないと言い切れるでしょうか？

嫁には財産を一円たりともあげたくないと心のどこかで思う瞬間はありませんか？　自分の物は自分の物とばかりに、鉛筆一本でも人に貸すのが嫌だったり。土地にこだわって、隣人が自分の敷地に入ることをよしとしなかったり、木の枝一本でも伸びて入り込んでいるとイライラしたり。貸したお金が返ってこないと、ねちねち愚痴ったりしたことはないでしょうか。

欲深い、強欲な人とは、お金や物に限らず自分のこだわりや執着、妄想にしがみついている人のことです。

そんな人たちが死後どうなるかというと、多くは幽現界にとどまってしまいます。自分の土地、家、財産など、執着の元になるあらゆるものが気になってしかたがないのです。執着がない人、素直で、善良、謙虚な人は幽界に移るのも早いですが、人間は誰しも、わずかながらでも執着があるもの。そのわずかな執着、いろいろな思いにとらわれてしまうと、幽現界にとどまってしまうのです。いくら現世のことを気にしても思うようになりませんから、もどかしいでしょう。満たされない日々が続きます。

しかし、「故人が大切にしていた物だけど、いつまでも現世に執着してはいけないから」と、愛を持って故人のたましいに語りかけていくことで、本人もようやく目が覚めて、執着を断ち切れることもあります。

また、こんなことも死後の後悔につながります。

いじめをしたり、人の悪口や事実無根の噂を面白おかしく流したり、インターネット上で個人情報や画像を流出させることなどです。

噂を流したり、画像などをネット上に載せる人は、悪気がない人も多いようです。でも、自分が発信者であることはわかっているはず。それを流布した第三者も、その事実はわかっているでしょう。自分がした事実は、あの世でも再び見せつけられます。それがどんな結果を生み、関係する人たちがどんな思いでいたか、どれほど悲しんだかを、すべて知って、後悔します。

でも、それらは死んでみなければわからないものではありません。現世で、別の形ではあっても、自分が被害にあうようなことがあるはずなのです。それを自分がまいた種は自分が刈り取る「カルマの法則」と言っていますが、そこで気づけなかったり、事実を受け入れず反省しなかったりすれば、あの世で向き合うことになるのです。

「最近は感受性が乏しくなって、悪気を感じる人が減ったのでは」という声を、よく聞きます。ネット上でのトラブルもそうですが、良心の呵責《かしゃく》をあまり感じていないのではと思うような出来事があるたび、そう感じるのかもしれません。そういう人でも、自分も他人から攻撃されるなどして〝わが事〟として体験し、初めて心を痛めます。経験してようやく気づくこともあるのです。

ただ、悪気がないと言いましたが本当にそうでしょうか？　本当は悪いことと思いながら、一パーセントのやましさは見て見ぬふりをして、ごまかしているのではないでしょうか。「喜ぶ人がいるからやっただけ」「目立ちたかっただけ」そんな言い訳も、あの世ではすべて明らかになります。目を背けることは絶対にできないのです。

## 人は生きたように死んでいく

ここまでさまざまな死について、お話ししてきました。

人は自分が今、死ぬとは思っていません。十年後のことはわからなくても、明日はあると思っています。でも、脅かしているわけではありませんが、明日のことなど誰にもわかりません。

多くの霊たちは死んだとわかると同時に、まだたましいが生きていることに気づきます。そしてみな、自分のこだわりや誰かに対する憎しみなどを抱き続けていたことを後悔します。そんなことに時間を費やすよりも、もっとこんなことをしておけばよかった、あんなことをしておけばよかったと気づきます。時間を無駄遣いしたことが悔しいと。

繰り返し言いますが、許しを請うのも、後悔をしないように生きるのも、現実を見つめてやり直すのも、現世でできることです。あの世でなければできないわけではありません。あの世のしくみを知り、あの世のたましいがどう感じているのかを理解できれば、生きているときから同じ感覚を持つことはできます。もちろんいつでも白黒つけられるわけではありませんが、それならば悩んでも仕方のないことや割り切れないこと、精一杯やった結果に対しては、いつまでも執着しない。限りある命の時間を無駄にせず、切り替えて生きていこうと思えるはずです。

あの世のたましいがどうしているのか。どうやって許しや自分の後悔と向き合っているのかを知れば、おのずと供養の意味もおわかりになるでしょう。どれほど現世の人たちは形式的、物質的なこだわりにとらわれて、悩んでいることか。具体的な供養については第二章で述べますが、あの世のたましいにとっては無意味な供養の悩みが多いことに気づくでしょう。

また、なぜエンディングノートを書くことが必要なのかも、よくわかるでしょう。

〝終活《しゅうかつ》〟という言葉が定着してきましたが、私には多くの人が〝終活〟を形式として捉えているように感じられてなりません。ここまで、さまざまな死後の世界を知った今となっては、みなさんにも理解できるでしょうが、そんなに生ぬるいものではないのです。生まれてきた意味、たましいの本質、死後の世界、その理屈がわからなければ、本当の意味での〝終活〟はできません。

あの世では、〝うやむや〟も〝ことなかれ〟もありません。現世では誰かが後始末をしてくれて、自分はあまり深く考えずにすんだこと、そのうち罪の意識も薄れてしまったことも、すべて自分で最初から見直さなくてはなりません。何もかも先送りにしていると、あの世ではどれほど大変なことになるのか……。相当の覚悟が必要です。

もう、あなたは自分の死に方が見えてきたはずです。

そして、それが見えたからこそ、残りの人生を輝きに変えていけるのです。これからの生き方、人との付き合い方、家族とのコミュニケーション、人生の目標、本当の意味での〝終活〟、そして亡くなった人への思い。あなたはすべてを輝きに変えていけるでしょう。

人は生きたように死んでいくのですから。

〈対談〉

# 死ぬときに後悔しない生き方

江原啓之×川嶋朗（医師）

◆プロフィール
かわしま　あきら／1957年東京都生まれ。医学博士。北海道大学医学部卒業後、東京女子医科大学入局。東京女子医科大学大学院、ハーバード大学医学部マサチューセッツ総合病院などを経て、2014年より東京有明医療大学教授。また、一般財団法人東洋医学研究所クリニック自然医療部門にて、漢方をはじめとするさまざまな代替・伝統医療と、近代西洋医学を統合した医療を手がける。西洋医学の専門は、腎臓病学、膠原病、高血圧など。著書に『医者が教える　人が死ぬときに後悔する34のリスト』（アスコム）『患者力のすすめ』（幻冬舎ルネッサンス）など多数

## 死を考えると生活が大きく変わる

**江原** 川嶋先生は、医師としてQOD（クオリティ・オブ・デス）という言葉を提唱されていらっしゃいますが、〝死の質〟という直訳は、かなりインパクトがあります。

**川嶋** QODはQOL（クオリティ・オブ・ライフ）に対して作った造語なのですが、QOLというのはみなさん、よく使われる言葉ですね。

**江原** 〝生活の質〟という意味ですね。

**川嶋** そうです。患者さんのなかには「QOLを上げたいけれど、どうしていいかわからない」と、おっしゃる方がいます。でも、病気をコントロールすることでQOLを上げることができる人はかなりいるのです。だから私は、「まずライフスタイルを改善して病気をコントロールしましょう」と言います。

**江原** 病気をコントロールするのですか？

**川嶋** ええ。いわゆる生活習慣病と言われるものは、ある程度コントロールができます。

〝生活習慣〟とついているぐらいですから、ライフスタイルを改善することで、体重が減ったり、血圧が安定して、体調がよくなるなど、QOLも上げられます。特に糖尿病は早めにライフスタイルを管理することで、重篤化を防ぎ、人工透析まで進むのをかなり抑えられるのです。

**江原**　例えばどんな管理をするのでしょうか？

**川嶋**　糖尿病を例に挙げると、原因の一つは、不規則な生活や偏った食事といった、いわゆる日頃の〝不摂生〟です。そこで「まず食事に気をつける、体を動かすなどしましょう」と言うのですが、患者さんはなかなかできない。人工透析を受けるようになってもライフスタイルが悪いままという人は、実はとても多いのです。

**江原**　透析をしてまでも、偏った食事などを改善できないものなのですね。

**川嶋**　僕は腎臓の専門家ですから、透析の患者さんもたくさん診ているのですが、なぜQOLを上げたいと思いながら、ライフスタイルを変えられない患者さんが多いのだろうと考えたのです。糖尿病は、初期症状が自覚できる形では表れにくいため、なかなか自分が病気であるという実感がもてず、〝摂生〟する気になれないのかもしれない。では糖尿病以外ではどうだろうかと。そうしたら、ライフスタイルをガラリと変える病気があることに気づいたのです。

**江原** それは⁉

**川嶋** がんです。

**江原** ああ、そうですね。

**川嶋** がん患者になると、とたんに「たばこを止めます」「何を食べたらいいでしょうか？」「運動します」と言います。自分の意志でガラリとライフスタイルを変えてしまうのです。糖尿病の患者さんにとっても、とても大事なことなのに、多くの方は言わないし、やらない。

**江原** その差は、死への危機感ですね。

**川嶋** その通りです！ がんになると、余命宣告されていなくても「あと三ヵ月じゃないか」「一年もつだろうか」と、自分の死を予想して危機感を持つのです。そうなって初めて「まだやらなきゃいけないことがある」「あれがやりたい、これもやっておきたい」「今からやれることはなんだろうか」と考えて、ライフスタイルを改善しようとする。実際、みなさん、必死にやりますよ。

**江原**　よくわかります。

**川嶋**　つまり、ＱＯＬを上げる方法はなにかというと、「死ぬと思え」ということなのです。死を意識することは、自分がこのまま病気をコントロールせずにいればどういう死に方をするのかといった、ＱＯＤ（死の質）を考えることです。糖尿病を放っておけば人工透析だけでなく、失明や足の切断などさまざまな合併症を伴いながら死に至る可能性がある。それは自分が望むＱＯＤではないでしょう。つまりＱＯＤをよくしたいからこそ、ライフスタイルを改善するし、ＱＯＬも上げられるのではないかと思うのです。

**江原**　私も「自分の死と向き合うことで人生が輝く」ということは、強く感じます。実際には、がんと宣告されなくても、自分の死を想像すれば人生を充実させられるし、輝かせられるのです。

**川嶋**　おっしゃる通りで、病気じゃなくても本当はできます。仮に、「死ぬ」という区切りを自分で設定すれば、そこまではなんとか元気でいたいと考える。やりたいことがまだたくさんあるから、できる体でいなくてはと思って運動したり、食事に気をつけたりするはずです。

**江原** その区切りをなかなか考えられない人が多いですね。

**川嶋** ええ。患者さんはよく「この薬は、一生飲み続けなければいけないのでしょうか？」と医者に聞きます。患者さんがそう医者に尋ねるということは、命を医者に丸投げしているようなものです。

**江原** というと？

**川嶋** 僕が患者さんから同じ質問をされたら「百二十歳になっても飲み続けますか？」と、逆に尋ねることにしているのです。

**江原** 百二十歳ですか？ それはかなりの長生きですね。

**川嶋** 患者さんも「いえ、それは……」と言います。「じゃ百歳は？」と、だんだん年齢を下げて聞いていくのですが、患者さんのなかでは、だいたいどのへんまで生きれば満足かという年齢が、ちゃんとあるのです。「じゃ、そこまででいいのではありませんか」と。

**江原** 本当は自分の心のなかにちゃんと区切りがあるのですね。

## 考えない、死を見つめない日本人

**江原**　〝命の丸投げ〟と、おっしゃいましたが、どうして日本人はこんなにも自分で考えなくなったのかと、私も思っています。そして、死を見つめることも苦手です。

**川嶋**　僕は今の医療がそういう日本を作ってしまったのではないかと思います。

**江原**　医療が、ですか？

**川嶋**　例えば国民皆保険というのは、とてもいい制度で存続すべきなのですが、一方で、自分で考えない患者さんを増やしたように思います。気軽に病院に行けますからね。結果的に「病院に行けばなんとかなるだろう」「医者にまかせておけば、自分は何も知らなくても、医者がきっとよいようにしてくれるだろう」と、患者さんが思うようになってしまったと。

**江原**　なるほど。死を見つめることが苦手になったのは、医療にも原因があるとお考えですか？

**川嶋**　ええ。医者が価値観を押しつけてきた結果ではないかと思います。

**江原**　医者の価値観とは？

**川嶋**　「長生きは美徳だ。死ぬのはよくない」という、現代医療の価値観です。弊害を考えることなく、それを医者が患者に押しつけてきたのです。医者が「死なせちゃいけない。長生きさせよう」と思っていれば、患者さんもだんだん「死ぬのはいけないことだ」と思い込むようになります。その結果、死を受け入れない、死を見つめないようになってきたのではないでしょうか。

**江原**　日本には〝長寿〟という言葉があるように、長生きは〝寿〟と決めつけているところがあります。でも、命の長さで幸せは決まりません。長ければ幸せで、短いから不幸だとは言い切れない。大事なのは、どんな学びを得られたか、心を込めて生きたかです。だから長短で決められるような単純なことではないと、私は思います。

**川嶋**　人生五十年と言われた時代には、長生きはおめでたいことだったかもしれません。でも寿命が延びて、五十歳で死ななくなった現代では、医療ではどうにもならない高齢化の問題がいろいろ出てきています。

**江原**　さきほど〝弊害〟とおっしゃられましたが、そのことですか？

**川嶋**　そうです。矛盾だらけですよ、今の医療は。整形外科あたりでよく見る光景ですが、痛いからと病院に行くと「加齢のせいです」と医者に言われる。加齢だから根本的には治せないのだけれど、痛み止めの薬は出る。患者さんも、その薬をいつまでも飲み続ける。そして医療費はどんどん増え続ける。それが今の日本です。

**江原**　悲しいことですが、高齢化社会となった今の日本では、長生きのほうがつらいと考える人もいるくらいです。長寿を願うどころか、ほどよく死んでいけたら、と思っている人もいますからね。もちろん長生きしなければわからない経験と、そこから得る感動、学びはありますから、私は最後まで生き抜くことが大事だと思っています。先生は、高齢化と医療の関係では、ほかにはどんな問題があるとお考えですか?

**川嶋**　さきほどの話の続きにもなりますが、自分の価値観を押しつける医者は問題だと思っています。「血圧が高いから、あなたは薬を飲まなくてはいけない」と、決まったように言う医者もいます。しかしそれは、医者の価値観の押しつけです。血圧が高ければ、たしかに病気へのリスクは高くなるけれど、高齢になったときそのリスクをどう捉えるかは患者さんの価値観です。リスクを背負ってもいいと思えば、薬で血圧を抑えるのをやめてもいいのではないかと思います。医者は価値観を押しつけてはいけないし、患者さんも医者に命を丸投げして、依存するべきではないと思いますね。

## 依存心があると騙される

**江原**　〝依存心〟も人が自分で考えなくなった結果、生まれた負の感情だと、私は思うのです。先生がおっしゃるように、お医者さんを頼る患者さんが大半なのではありませんか？

**川嶋**　ええ……というか、そういう人しか来ません！（笑）。「決めてください」という感じです。

**江原**　それで仮に先生が決めたとしても、「でも」「だって」と言う。

**川嶋**　よくおわかりですね（笑）。患者さんが「おまかせします」と言うと、僕は「いいんですね？　自由診療ですから、いくらぼったくられるかわかりませんよ」と返します。

**江原**　うわぁ！

**川嶋**　そして、〝一千万円作戦〟というのを使います。

**江原**　〝一千万円作戦〟ですか⁉　それは一体……。

**川嶋**　「あなたの病気を九十九パーセントコントロールしてあげますが、月に一千万円かかります。あなたの場合、三年は続けないといけないでしょう。よろしいでしょうか？」と。そこで「はい」という人はいない。

**江原**　一年で一億二千万円、三年で三億六千万円ですものね。

**川嶋**　みなさん「それはちょっと無理です」とおっしゃいます。

**江原**　そうでしょう。

**川嶋**　「じゃあ一ヵ月十万円と言ったら出すでしょう？」と聞けば、「はい」となります。そこで、すかさず「そんなものはないですよ。そうやってあなたは騙されるのです」と。

**江原**　う〜ん。効果のない治療に、高額のお金を出してしまう心理が、そこにあるのですね。

**川嶋**　効果どころか、根拠もデータもない治療にです。相手に依存していると、ちょっとぐらい高いと思っても、出してしまう。三百六十万円だって決して安くないですよ。でも、三億六千万は出せなくても三百六十万ならと、思ってしまうのです。

**江原** 先生とは以前から、悪いヒーラーに騙されてはいけないという話をしてきました。

**川嶋** 本当に気をつけてほしいのです。

**江原** 私も講演会では、口を酸っぱくして、そのことを言い続けています。病気になったことにまず意味があるし、病気から学ぶことはあると私は思っています。でも、何を学ぶべきかを考えずに、ただ「病気を治してあげます」というヒーラーや霊能者に頼ってしまう人も本当に多いのです。

## 依存と対極にある決めつけも怖い

**江原** 高額な治療費を請求する場合もありますが、別のケースもありますね。「治療を受けちゃいけない」「薬を飲んじゃいけない」というヒーラーに従ってしまうケースです。それに頼って手遅れになる患者さんが多いことを、先生も以前から心配されていました。妄信的に、適切な治療を拒んで自分を貫いてしまい、結果的に命を落とすこともあると。

**川嶋** 残念なことです。

**江原** 先生は西洋医学だけでなく、さまざまな代替医療、伝統医療などを取り入れた統合医療を推進していらっしゃいますから、なかには薬を使わない治療をしてもらえると思ってくる患者さんもいるでしょう。場合によっては化学療法のような現代医療が効くこともあるのに、化学療法は嫌だと一方的に決めつけてきたりする方もいらっしゃるのではありませんか?

**川嶋**　いらっしゃいます。そして「先生だったら化学療法受けますか。どうしますか?」と、聞いてきます。

**江原**　なんと答えられるのですか?

**川嶋**「あなたとは価値観が違うし、生や死に対する考え方も違うので、答えられません」と言います。だって、患者さんと僕は、育った環境も違えば、家族構成も違うし、価値観も当然違います。天涯孤独で明日死んでもいいという人と、家族がいて一分一秒でもいいから長生きしたいと思っている人では、自分の生や死に対する考えも違いますからね。患者さんにも僕が答えられない理由を説明するのですが、それでもけっこう食い下がる方はおられます。「先生ならどうするか教えてくれ」と。

**江原**　なるほど。

**川嶋**　ある患者さんが同様に何度も聞いてきたときは、病気の種類や状態を考えて、「化学療法をやります」とついに答えたのですが、がっかりされました。「意外です」と。

**江原**　自分の思っている願望に応えてほしい思いがあるのですね。

**川嶋**　ほぼ自分で決めていることに対して、背中を押してほしいのでしょう。もしくは〝魔法〟を期待して、「何かないですか？」と聞いてきます。でも、そういう人がさっきの〝一千万円作戦〟で騙されてしまうことがあるのです。

**江原**　私も個人カウンセリングをしていた頃は、霊能で何かしてもらえるというような〝魔法〟を期待されました。

**川嶋**　やっぱりそうですか。

**江原**　でも、魔法などありません。「できることはできる。できないことはできない」のです。ただの依存心から魔法を期待するような人には、「ダメなものはダメ」と、子どもの教育みたいに言うしかないと、私は思います。

**川嶋**　そうですね。

**江原**　手術をすれば治るのに「体にメスを入れたくない」と言う人もいます。私は自分も手術を経験しているので、どうしてだろうと思ってしまいます。だって切らないままでいるほうが、もっと怖いと思うのです。それこそ致命的なこともあるし。

**川嶋**　マイナスの側面ばかりをクローズアップしてしまうのでしょう。手術にしても、薬にしても、嫌いな人はマイナスばかりが見える。

**江原**　例えば薬の副作用に対する不安から、薬そのものをマイナスなものに感じるということでしょうか？

**川嶋**　薬を飲むと何か悪いことが起きるのではないかという、これもなかば妄想に近いものでしょうね。でもちゃんとデータを見れば、「副作用が起きる確率のほうが少ないのだけれど」と、僕は思いますが……。

**江原**　それに、飲まないことで起きるマイナスもある。

**川嶋**　もちろんです。でも患者さんはマイナスと感じた薬のことはもう考えたくない。だから、ほかの〝魔法〟を期待してしまうのです。

家族のトラウマとエンディングノート

**江原**　自分の生き方、死に方を決めていないと、医療の世界ではどのような問題が起きるのでしょうか？

**川嶋**　もし自分が倒れて意識がないまま病院に運ばれたとき、何も決めていないと、決定は家族に委ねられます。

**江原**　延命治療などですね？

**川嶋**　そうです。そして家族は医者に「延命治療をしなかったらどうなりますか？」と尋ねる。医者が「死にます」というと、家族はショックを受けます。死の引き金を自分たちが引くようなことになるのかと、考えますから。

**江原**　その決定は確かに重荷です。

**川嶋**　それで、本人ならきっとこうするだろうという決定を家族がする。例えば「お母さんなら何もしてほしくないだろうから延命治療はしません」というような選択です。でも、それで結局亡くなってしまったりすると、家族にはトラウマになります。あとから親戚などが出てきて、あれこれ言いますしね。「どうして勝手にそんな選択をしたんだ」「ほかに方法がなかったのか」と。

**江原**　責めるのですね。ありがちです。

**川嶋**「私が母の意志を決めてよかったのでしょうか」と、わんわん泣きながら医者に聞きますが、医者は「よかったのではありませんか」と言うしかない。僕はこういう場面に遭遇するたびに思うのです。本人が死に方を決めておくのは、家族に対しての思いやりじゃないかと。

**江原**　おっしゃる通りです。

**川嶋**　江原さんも、個人カウンセリングなどで、「本当にこれでよかったのでしょうか?」と聞かれませんでしたか?

**江原**　それはばっかりと言っても過言ではありません。

**川嶋**　やっぱり!

**江原**「最後まで告知しなくてよかったのでしょうか」から「本人はあの世でどう思っているのでしょうか」まで、本当に多かったです。だから私も先生と同じで、最後の意思表示やエンディングノートはとても大切だと思っています。そういう思いで自分の書籍にも、エンディングノートの付録をつけているのです。でもね……、びっくりするほどみなさん書いていません！

**川嶋**　延命治療も告知も、エンディングノートに希望を書いて、家族に知らせておくなり、自分で持っておくなりすれば、医者も家族も困らないのですけど……。

**江原**　私の講演会や講座では、「エンディングノートを書いている人は？」と尋ねて挙手してもらうことがあるのです。でも、スピリチュアリズムを勉強されていて、私の本も読んでくださっている方でも、手を挙げるのは三割がいいところ。たいていは一割にも満たないくらいですよ。

**川嶋**　えっ、そうなんですか？　江原さんの講演会に来られる方でも？

**江原**　死という現実から逃避している気持ちがあるのだと思います。

**川嶋**　自分が死ぬと思ってないのでしょうね。

**江原**　明日が確実に来ると思っている。死はまだ先のことだと、勝手に決めているのです。

**川嶋**　今ここに隕石が落ちてくるかもしれないのに！

**江原**　本当にそう！

**川嶋**　それでなくても人間は百パーセント死ぬわけですし、それを予想して何がいけないのかと、僕は思います。でもみんな死を考えるのが、どこか悪いことだと思っているのです。

## 自分の死を想像する

**川嶋**　我が家は、夫婦揃って出かけるとき、必ずやることがありまして。家のどこに何が置いてあるか、どうやったらお金を引き出せるかなど、大事なことを全部書いておくのです。それで子どもたちには、「もしものことがあったらこの紙を読めよ」と言ってから出かけます。

**江原**　それは素晴らしいですね。

**川嶋**　無事に帰ったら、「くしゃくしゃ、ぽい」で、捨てちゃえばいいですしね。

**江原**　それから、家族旅行のときなどは、目的地まで家族一緒に移動するか、別々にするかも考えます。どちらか一方に万が一何かあったとき、別々に移動しておけば、生き残ったほうがあとの整理をすることができるでしょう。

**川嶋**　残った人への思いやりは大事です。

**江原**　いずれにしてもエンディングノートなどで、自分の意志を伝えておかないといけないですね。私には、人は生きたように死んでいくというのが、実感としてあるのです。いろいろな相談事を受けてきた経験からすると、自分の生き様が、人生最期の場面にまで表れるものだと思います。自分の人生に無責任だと、亡くなったあとまで揉め事が残りますから。

**川嶋**　自分が死んだあとも揉め事が残るというのは、あとに残された人に依存していくことにほかなりません。だから先ほどの延命治療の話のように、残された人、依存された人には、トラウマが残ってしまうのです。

**江原**　以前、エンディングノートを書いていない人に質問したことがあります。独身女性で病気などはしていない人でしたが、「もし病気になったとして、どう死にたいですか?」と。

**川嶋**　それは興味深いですね。

**江原**　すると開口一番「考えていなかった」。

**川嶋**　ハハハ!

**江原**　それで「自宅で死にたいですか？　それとも病院ですか？」と尋ねてやっと、「う～ん」と考え始めました。
**川嶋**　どこで死を迎えたいかの希望を考えておくことは、とても大事ですね。
**江原**　しばらく考えて「自宅」とおっしゃったので、「あなたは独身だけど大丈夫？」と聞いたら、きょとんとしているのです。
**川嶋**　う～ん。
**江原**　自宅のよさは、自分の慣れ親しんだ場所だから安心できるということですけれど、でもその代わり「ちょっと痛い」「ちょっと苦しい」というとき、一人だと困ってしまう。不自由なのです。
**川嶋**　その通り。ボタン一つ押せば薬を持って来てくれる緩和ケアの医者が、近所にいるかを調べて手配しておくなど、準備をいろいろしておかないといけません。
**江原**　家をバリアフリーにする必要もあるかもしれない。自分一人でトイレに行けるとは限りませんからね。彼女にも、「誰も手伝ってくれる人がいないところでトイレに行けますか？　なかなか行けないからって、我慢するってわけにいかないでしょう」と言ったら、

「じゃ、病院で緩和ケアにします！」と。

**川嶋** コロコロ変わっちゃう！（笑）。

**江原** でも自分が希望するような緩和ケアの病院というのは、入るのも大変らしいですね。リクエストを出しても、順番が回ってくるのがなかなか……。

**川嶋** 大変です。

**江原** これから先は高齢化社会がさらに進んで、病院もさらに混むだろうからいっそう厳しいでしょう。そんな話をしたら、彼女は「しておかないといけないことが、たくさんあるのですね。お金も貯めておかなくては」と言っていました。これが現実だと思います。つまり、なにもこの彼女が特別なわけじゃなく、みんなが自分の死に方をリアルに考えていないのです。

## 悔いなく死ぬとは

**川嶋** 自分が最期にどう過ごしたいかを決めると、そこから逆算して、生きている間に何をすべきかを考えることになる。それをして初めて、悔いなく死んでいけるのだと思います。

**江原**　悔いということで言えば、今、告知は当然なものでしょうか？

**川嶋**　昔と違って、基本的にはします。ただし、がんなどの病名の告知はしますが、余命告知は希望した場合のみです。でも、余命というのはいいかげんなものなのですよ。医者によっては、患者さんが自分の言うことを聞かないと「このまま放っておいたら三ヵ月もちませんよ」なんて言っちゃいますから。

**江原**　そういうものですか。

**川嶋**　一方で、告知をしてほしくない人もいます。

**江原**　曖昧《あいまい》が好きな人はけっこういますよね。私自身は、病気で余命が残り少ないとなれば、聞いたほうが残りの人生を充実させられると考えます。霧のなかを歩いて生きるのではなく、自分の人生を最後の一日まで自分のものにしておきたいと。ただ、それぞれの性格もありますし、残された時間にもよると思いますので、告知をするかはケースバイケースだとは思います。

**川嶋**　そうですね。死と向き合いたくない人は、会話のなかに〝告知〟という言葉を出すことすら嫌がります。

**江原** 私はいつも「想像力を持ちましょう」と言っています。自分の死を想像して、準備をしておかなければ、死後も悔いが残るし、何より生きているうちに人生を輝かせることはできないと思いますから。

**川嶋** 自分が死ぬと何が困るのかを想像してほしいですね。患者さんに「どうして死んじゃまずいのですか？」と聞くと、ただ「困るんです」と言う。「どうして？」と重ねて聞くと、必死に考え出す。そして「そうだなぁ、日本でのオリンピックが見たいから」とか言います。

**江原** オリンピック！ いいですね（笑）。

**川嶋** ええ、それでいいのです。どんなことであれ理由があれば、そこに向かって生きようと努力しますから。目的がないことがダメなのです。なぜ生きたいのかを真剣に考えなければ死ぬときに後悔するでしょう。亡くなった人が後悔しているかどうかは、江原さんに聞いてみないとわかりませんが……。

**江原** みんな後悔しますよ。考えていなかったから、人生が充実しなかった、と。だから、自宅で死にたいのか、なぜ生きたいのか、どう生きたいのかまで、もっと真剣に考えなければいけないのです。

## 死に方はどこまで選べるのか

**江原**　難しいのは、死に方の希望がそれぞれ個人によって違うことではないでしょうか。例えば、乳がんの女性が身体にメスを入れることを拒否して、亡くなってしまうケースもそうだと思うのです。また、盲腸のように比較的簡単な手術で完治するのに、放っておいて死を選んでしまうケースもある。どんな場合でも、自ら選んで死ぬことは尊厳死として認められてしまうのでしょうか？　死に方を自分でどこまで選んでいいのかという定義が、必要なのではないかと思うのです。

**川嶋**　僕は、人は誰しも与えられた寿命があるのではないかと思っていて、それはまっとうしてほしいなと思います。ですから、明らかに必要な手術や治療を拒否することで、結果として自ら命を絶つような選択はしてほしくありません。

**江原**　私も先生と同じで、少し厳しい言い方なのですが、治る見込みがある治療を選択しないのは自殺と同じだと思います。さらに言うなら、広い視野を持って、社会全体の問題として考えてほしいのです。なぜかというと、今ある医学を受け入れることは、社会全体の責任だと思うからです。もし医者から治療をした場合の結果が「五分五分」と言われたら、私は積極的に治療を受けるべきだと思いますね。もし五分五分より低くて余命もわずかだというなら、好きに選択すればいいと思いますが、五分五分と言われるところまではやらなくてはいけない。

**川嶋**　おっしゃる通りですね。医者のなかには、手術をしないで死んでいくことも患者さんにとっての幸せだという言い方をする人がいます。でもそれも医者の価値観の押しつけだと思うのです。その価値観がピッタリくる患者さんにはバイブルのようになりますが、積極的に治療を受けたい人にとっては「ふざけるな」でしょう。

**江原**　一つ間違えたら、本当ならば生きられる人も、亡くなってしまいます。先ほどの悪いヒーラーの問題と同じになってしまいますよね。

**川嶋**　そういうことです。

**江原**　先生のところにも「手術をしたくない」という患者さんはいらっしゃるでしょう？

**川嶋**　ほかの病院で手術を勧められたけれど「したくない」と来院される方はいます。

**江原**　そういう場合、先生はどう対応されるのですか？

**川嶋**　「手術をした場合の五年生存率、しなかった場合の五年生存率がそれぞれどのくらいか、前の病院で聞いてきてください。その差をあなたが大きいと感じるかどうかを、まず考えましょう」と言います。たいていはそういうデータを聞いてきていません。

**江原**　お医者さんを絶対的な存在と思っていますから、なかなか反論できないのが日本人です。お医者さんの前では、いい子でいたいというか、「聞いたらお医者さんに嫌われる」と思っている人も多いでしょう。

**川嶋**　そのようですね。でも、患者さんが意見を主張するのを嫌うような医者のところなんか、もう二度と行かなきゃいいのです。

**江原**　アハハ！

**川嶋**　でも、僕はそう思いますよ。患者さんが医者を神のような存在だと思って、遠慮して主張もせず我慢して、病院を替えることもしないから、医者が図に乗るのです。

**江原**　有名な先生だと、特に遠慮しがちです。

**川嶋** 有名な人が必ずしも腕がいいとは限りません(笑)。

**江原** 患者のほうに、「そうであってほしい」という願望があるのでしょうね。人というのは都合よく考えますから。さきほどのエンディングノートを書かないことも、自分がすぐに死なないと、都合よく考えているだけですし。

**川嶋** それがおかしいところなのです。書いておけば、今日の帰り道、事故で死んでも別に悔いは残らないし、家族も困りません。治療が効いて病気が治って、「よかったですね」と言って退院したら、帰り道で事故に遭うなんてことも、ないとは限らないですから。

**江原** いろいろなことを自分で一つずつ決めて、エンディングノートも書き、常に腹をくくって生きることですね。

## 死の瞬間とは

**川嶋** よく、「死に目に会えない」という言葉を聞きます。

**江原** 「親の死に目に会えなかった」とトラウマになる方がいらっしゃるのですが、「死に目に会えないことはよくない」という、刷り込みだと私は思います。

**川嶋**　僕も死に目うんぬんの考え方はおかしいと思いますね。僕は病院で、患者さんの臨終に立ち会うことがあるのですが、病院での〝死に目〟というのは〝モニター〟なのです。実際のところ医者も家族も、心電図などのモニターを見ていたりしますから。
**江原**　あの「ピー」っと、フラットになる場面？
**川嶋**　そうです。それが〝死の瞬間〟。その前から意識がありませんから、実際に息をしているかどうかは、モニターじゃないとわからないのです。
**江原**　テレビドラマであるような、急に力が抜けてガクッとなるようなことはないですものね。
**川嶋**　まったくと言っていいほどありません。僕は、患者さんが自分の死の瞬間を少し上の方から見ているのではないか、と思ったりもします。医者や看護師や家族が自分のベッドを取り囲んでいる様子を見ながら、「おいおい、こっちだよ」なんて言っているのではないかと。
**江原**　霊的視点から見れば、死の直前はたましいが肉体とシルバーコードでかろうじてつながっている状態ですからね。

**川嶋**　それで家族はモニターに注目している。意識もありませんから、結局、死に目に会話はできないわけです。

**江原**　私も〝死に目〟にこだわることはないと思います。それよりも、元気なときにコミュニケーションをしっかりとって、謝りたいこと、伝えたいことを、ちゃんと言っておくことのほうが大事です。

**川嶋**　まったく同感ですね。

## 理想の最期

**川嶋**　自分自身のことで言えば、僕は六十九歳まで生きたら満足かなと思っていまして、できれば心臓病でぽっくり死にたい。もちろん、死ぬまでに仕事やプライベートでやりたいことがありますから、元気で過ごせるよう、自転車通勤をしたりして健康管理もしています。

**江原**　〝ぽっくり〟を希望される方は多いですが、なかなか難しいですよね。

**川嶋**　僕はたばこを吸いませんし、がん家系じゃないので、死期が予想できるがんは逆に難しいかなと思っています。かといって、がんで死にたいからとたばこを吸うようなことはしませんが。家族の既往歴を考えると心臓病でぽっくり死ねるかなと、推測しているのです。

**江原**　先生はお忙しいから、過労だけは気をつけてください。

**川嶋**　それは江原さんも同じでは？

**江原**　いえ、私は過労では死にません（笑）。何事も控えめにして、もうちょっと楽しんでから（笑）。

**川嶋**　本当ですか⁉

**江原**　もしかしたら、八十歳ぐらいまで生きちゃって、うるさい爺さんになって、みんなに煙たがられて……。

**川嶋**　ハハハ！　でも八十歳の患者さんでも「人並みに生きたいから血圧をもっといい数値にしたい。薬を替えたい」とおっしゃる方はいますよ。「もう人並み以上に生きていらっしゃいますよ」と言ったら、「あ、そっか。じゃ今のままでいいや」と。

**江原**　お達者です！　私の祖母は九十二歳で亡くなったのですが、晩年、糖尿病で病院に行ったとき、医者が「もういいでしょう。好きな物を食べていいですよ。楽しんでください」と言ったのです。祖母は怒りましてね。「失礼な！ 私は百歳まで生きる。それを何を食べてもいいだなんて、どういうことだ。あの医者は私が早く死ねばいいと思っているに違いない。もうあの病院には行かない」と。

**川嶋** 素敵なおばあさまですね！ 「何歳からが老後か」と話題になりますが、結局のところ自分で決めるものだと思います。

**江原** そう思うと、八十歳でもまだ人並みじゃないと思う人もいるわけだし、人間はいくつになっても欲があるのかもしれません。私は最近熱海によく行くのですが、熱海のお年寄りは元気です。坂道が多いのですが、みなさん健脚で歩いていらっしゃる。

**川嶋** 元気なお年寄りが多いのですね。

**江原** 少し話は違いますが、最近は緩和ケアが進んでいて、亡くなる一週間前ぐらいまで、元気に働いていらっしゃる方も多いように感じます。

**川嶋** 緩和ケアの医者は「好きなことをしてください」と患者さんに言います。

**江原** 「好きなことを」と言われて、ぎりぎりまで「働きたい」というところが、素晴らしくもあり、反面ちょっと悲しいなとも思います。いくつになっても、どういう状況でも人は働きたい。なんのためにというより、とにかく「働きたい」のですね。

**川嶋**　僕には理想の最期がありましてね。自分の人生が満足だったなと思って、まわりの人たちに「ありがとうございました。また会おうね。バイバイ」という気持ちで死にたいのです。そのためにエンディングノートも書いています。遺された家族が困らないように。

**江原**　かっこいいですね。

**川嶋**　「また会おうね」ができるような気がするのです。

**江原**　ええ、できますよ。あの世はありますから。

# 第二章

# 知っておきたい葬儀・お墓・供養のすべて

## 一 葬儀・お墓・供養の意味とは

### 葬儀は亡くなった人が死を認識する儀式

この章では、葬儀やお墓など、供養に関することを具体的にお話ししたいと思います。第一章で述べた死後の世界やたましいの浄化、亡くなった人の思いなどを理解すれば、すべてがつながっていることがよくわかっていただけるはずです。

まず、スピリチュアリズムの視点で見れば、通夜や葬儀には意味があります。亡くなった人に「あなたは死んだのですよ」と知らせるための重要な役割を担っているのです。

前述したように、昨今変わりつつもありますが、亡くなった人のたましいは、ほぼ葬儀の場に来ています。そして自分の遺影などを見て、「ああ、自分は死んだのだな」と認識するのです。言い方を変えれば、葬儀は、亡くなった人が死を自覚する儀式です。

特に生前に死後の世界を信じていなかった人にとっては、肉体がなくなり、たましいだけがさまようという状態は夢のなかでしかありえないこと。体がふわふわと浮いたり、他人に自分が見えなかったりする不思議な現象を、自分が寝ぼけているだけだと捉えてしまい、死んだことに気づくまでに時間がかかってしまうのです。

一方、生前に固守している宗教があった人は、宗教という執着にとらわれているケースも少なくありません。例えば、死んだら阿弥陀様が迎えに来てくださるとずっと信じていた人なら、死んでからも阿弥陀様を待ち続けることになりかねません。亡くなったあとに迎えに来てくれる人はいますが、それは前述したように、親しかった人などです。

いずれにしても、亡くなった人のたましい、そして遺された家族など、見送る側の双方にとって、死が訪れたことを認識するための機会と言うことができるでしょう。ですから葬儀は、死を受け入れる最初の一歩になります。

また、葬儀は見送る側が亡くなった人と対話する大切な時間でもあります。悲しむだけでなく感謝の気持ちを伝えるなど、心のなか、もしくは声に出して語りかけましょう。その念は、必ず届きます。

特に、お焼香や献花は、きちんとお別れを告げることのできるチャンス。「お焼香は何回だっけ？」「お花の向きはこれでいいのかな」などと形式を気にしすぎて、儀礼で終わらせないようにしてください。

大切な人との別れは誰にとってもつらいものですが、だからと言って「私を残して逝かないで！」などとすがっては、亡くなった人も現世に未練が残ります。「私は大丈夫ですから、どうぞ安心してください」と伝えることが、亡くなった人への優しさです。第一章で亡くなった人も許しを得たいという話をしました。「なんで死んだの？」と言われるより、「もういいんだよ。ありがとう」と言ってあげるほうが亡くなった人も安心しますし、区切りをつけることもできるでしょう。

お悔やみの席では、亡くなった人が近くにいて、話を聞いていると意識してください。思い出話をしてあげるのもいいでしょう。かといってわざわざ美辞麗句を並べる必要はありません。たましいは、現世で未熟だったところを来世の課題とします。「そそっかしいところがあったね」「あのとき、人に騙されて大変だったよね」など、正直に、ありのままの思い出を語り合ってください。それを聞けば、「ああ、そうだったな」と亡くなった人も自覚し、次なる課題にするかもしれません。

## たましいの浄化と宗教は無関係

葬儀には、それぞれの家や土地に伝わるさまざまなしきたりがあります。しかし、スピリチュアリズムの視点で見れば、実はそうした儀礼に意味はありません。死後の世界には宗教による差別もないのです。とはいえ、やみくもにすべてを省いてよいと言っているのではありません。大切なのは動機。面倒くさいから簡略化しようというのは、やはり間違いでしょう。

日本では仏式で葬儀をされる方が多いので、仏式に関する疑問が多いようです。ここでは、そうした仏式の代表的な儀礼について説明しておきましょう。

まずお経についてです。

お経は生きる真理について説いているもので、いわば生きている側のためのものです。ですからお経を唱えればたましいが浄化する、あるいは浄化が早まるということはありません。もしそうなら、ほかの宗教を信仰している人たちは、浄化できないことになってしまいます。亡くなった人に語りかけるならば、「お疲れ様でした」「素晴らしい人生でしたね」「現世に未練を残さず、早く浄化してください」と、いつもの言葉で話しかけるほうが本人にも伝わりやすいでしょう。

また、戒名《かいみょう》は仏門に入った証として与えられる名前で、仏教で葬儀を行う場合に便宜上つけるものです。当然ながら、高いお金を払って戒名をつければ、死後の世界で高い地位につけるなどということはありません。俗名《ぞくみょう》のままでもかまわないのです。そもそも亡くなった人のたましいは、死後に与えられた自分の戒名を理解していないことが多いものです。少なくとも、私が霊に戒名で呼びかけて、反応があったことはこれまで一度もありませんでした。ですから亡くなった人に語りかけるときも、俗名や「お父さん」「お母さん」といった、いつもの呼び方がいいのではないでしょうか。

位牌《いはい》についても同様です。あるかないかは、たましいの浄化とは無関係と言えます。ただし、位牌という対象物があることで、現世の人たちがあの世のたましいに思いを伝えやすくするというメリットはあるでしょう。

## お墓はたましいとの面会所

たましいはお墓に住んでいるわけではありません。ただ、なかには生前、死んだらお墓に入るものと信じ込んでいた人の霊が墓地でさまよっていることもあります。しかし、やがて行くべき先はお墓ではないのだと気づき、霊的世界へと向かいます。

では「お墓がなくても大丈夫なのか」と思うかもしれませんが、誤解のないように述べておきます。位牌と同じように、お墓という対象物があると、現世の人たちは亡くなった人に思いを伝えやすくなります。あなたがお墓参りをすることで、亡くなった人を想う気持ちが強くなれば、あの世のたましいもその想いを受け取りやすくなるというわけです。そういう意味で、お墓はいわば、亡くなったたましいとの面会所なのです。

面会所と思えば、簡素でもよいと思いませんか？　むしろあの世のたましいは、立派なお墓を恥じ入ります。日本人は物質主義的価値観から、お墓は立派なほうがいいと考える傾向が強いようです。しかし前述したように、たましいの浄化が進むということは、物質主義的価値観を捨て去ることにほかなりません。

供養は浄化へと促すエール

だからといって粗末にしていいわけではありません。掃除をして清々しい気持ちで面会すれば、思いが伝わり、亡くなった人のたましいも喜びます。私が家族でお墓参りをするときには、お菓子などを持参し、みんなで食べながら思い出話などをしたりします。

ただし、ここで気をつけたいのがお供え物についてです。

よく、お酒やたばこなど習慣性の強い嗜好品を供えているのを見かけますが、これはタブーです。故人が生前に好きだったからという理由で供えているのだと思いますが、第一章でもお話ししたとおり、それが現世への未練や執着の要因にもなりかねません。これまでお供えしていたのをやめる場合には「もう好きだったたばこも吸えなくなったね」と説明すれば、亡くなったたましいも納得するでしょう。

仏式の場合によくある卒塔婆《そとば》は必要なのでしょうか？　これも絶対に必要というわけではありません。卒塔婆は亡くなった人への手紙のようなもの。特に用意しなくても、「ありがとうございました」という言葉とともに、思いを込めればそれでいいでしょう。

ここまで読むと、供養に必要なのは大きな葬儀を行うことでも、立派なお墓を建てることでもないというのは、もうおわかりでしょう。

考えてみてください。立派なお墓を建てれば先祖に守ってもらえる。お墓参りをサボっていると家が栄えない。こうした考えは、あまりにも他力本願だと思いませんか？

供養は、ともすれば現世に未練を残してしまいがちなたましいに向けて「迷わず浄化してください」と送るエールであるべきなのです。

故人に執着するあまり、いつまでもお骨を家に置いている人がいますが、それでは亡くなった人も遺族が心配で浄化の旅へ向かうことができません。お墓があるなら、納骨は速やかに行いましょう。

また、お子さんを亡くされた親御さんのなかには、生前、お子さんが使っていた部屋をそのままにしているケースが目立ちます。つらい気持ちは理解できますが、これも何度も申し上げているようにお勧めできません。これは故人が生前に愛用していた物についても同じことが言えます。早い段階で処分し、亡くなった人に「現世には自分の居場所はないのだ」と悟らせることが大切です。そして浄化の旅へと向かわせてあげることが本当の愛なのです。

物は消えても、絆は永遠に消えません。

いつの日か自分が死んだとき、必ずあの世で先に亡くなった人に再会できます。その日を励みに、亡くなった人のぶんまで精一杯生き抜き、思い出話をたくさん持って、たましいのふるさとに帰ることが大切なのです。

亡くなった人に執着するのとは対極的に、昨今ではお骨を物同様に扱い、押し入れに入れたままにしている人もいると聞きます。経済的な事情からお墓や仏壇を用意できないということもあるでしょう。しかし、粗末に扱われたのでは亡くなったたましいも悲しみます。究極のことを言えば、箱に白い布を掛けて祭壇を作るなどして、毎日手を合わせるだけでもいいのです。亡き人を想い、供養する心だけは持ち続けていただきたいと思います。

## 亡くなった人によい報告をするのが供養

命日や仏教におけるお彼岸、お盆、そして回忌・法要などは、特定の宗教に即したものです。スピリチュアリズムの視点で見れば、それをしなければたましいが浄化できないというものではありません。ただし、現世を生きる人々は自分の学びで忙しいですから、ついつい故人を想うことを忘れてしまいがちです。お彼岸やお盆、回忌・法要は節目であると捉えて、亡くなった人を想う日にするといいでしょう。その気持ちは、故人のたましいがあの世でより浄化を進めるための励みになるはずです。

供養の心得として、追いすがるなど、故人のたましいが現世に未練を残すようなことをしてはいけないと述べました。それに加えて、お願い事をするのもタブーです。お墓の前で、「お父さん、助けて」と訴えたり、「受験に合格しますように」と手を合わせたりするのはお門違い。亡くなったからといって魔法使いになるわけではありません。それどころか、第一章でもお話ししたとおり、自分自身の浄化を考えるだけでも手一杯なのです。亡くなった人と向き合うときには、「私たちは私たちで頑張っていますので、安心して浄化に精を出してください」と伝えることが大切。そのうえで「無事に就職が決まりました」「結婚することになりました」とよい報告をすれば、それがあの世のたましいにとって大きな励みとなるでしょう。

私のもとにはよく、亡くなった方から「死んでみて初めて正しい供養のありようがわかった」という通信が届きます。多くのたましいが物質主義的価値観による供養に、困惑しているのです。

厳しいことを言うようですが、いつまでも嘆き悲しんでいるのは自己憐憫《れんびん》に過ぎません。本当の愛があるならば、しっかりと前を向いて歩み出す強さを持つことができるのではないでしょうか。

正しい供養とは、亡くなった人のたましいに対して、浄化を促す念を送ること。心配をかけないことです。

儀式を取り仕切るのは遺族ですが、主役は亡くなった人であることを忘れてはいけません。その方の立場に立った、心ある供養をしていただきたいと思います。

## 二 葬儀についてのQ&A

## Q 葬儀で揉めたら何を優先すべき？

**A** 自分の葬儀やお骨の扱いについて家族に希望を伝えておく人も増えたようです。例えば「無宗教の葬儀にしたい」「従来の死に装束は着たくない」などといったものです。

まず申し上げたいのは、もしも希望があるのであれば、エンディングノートや遺言書などに記して、きちんと家族にわかる形で伝えたほうが、死後に揉めることが少ないということです。特に「無宗教で」「死に装束は嫌」となると、「家のしきたりと違う」と言い出す親族もいるでしょう。エンディングノートなどがなく口頭で希望を伝えただけであれば、家族は親族にその説明をしなくてはなりません。

その場合、家族は親族を説得することが供養につながると捉え、親族の方と冷静に話し合う機会を設けてはいかがでしょうか。供養の意味は、故人のたましいの浄化を願うことにあります。親族も亡くなった人のことを想うのであれば、理解を得られるでしょう。たとえ説得しきれなかったとしても、それは生前にきちんと記しておかなかった故人の自己責任とも言えます。家族はそのことをいつまでも引きずる必要はないでしょう。

葬儀に関して言えば、すでに述べているように宗教と浄化は無関係ですから、どんな形式の葬儀を選ぼうと同じであると言えます。

また死に装束についても、スピリチュアリズムの観点から見れば、身なりは関係ありません。死に装束を着せることは、「欲のない真っ白な心で、戸惑うことなく浄化してほしい」と願う遺族の気持ちの表れかもしれませんが、亡くなった人があの世で死に装束を着ていることはまずありません。故人が生前、「死に装束だけは嫌」と言っていた場合には、その人らしい服を体の上に掛けてあげるなどの心遣いがあれば、亡くなった人も喜ぶでしょう。もちろん、「この服で」という希望があったのなら、なるべく希望に添うようにしてあげるといいでしょう。

死に装束とともに持つ六文銭は、三途《さんず》の川を渡るときに必要な通行料という意味の風習ですが、これも同様です。なければあの世へ旅立てないというものではありません。とはいえ、生前に三途の川があると信じていた人ならば、三途の川が見えます。あの世は想念の世界だからです。

## Q 自殺でも葬儀はするべき?

**A** 家族を自殺で失うというのは遺族にとって衝撃が強く、受け入れがたいものです。同時に故人をそっとしておいてあげたいという気持ちが湧き上がるのでしょう。多くの場合、密葬を選ばれるようですが、弔問をお断りし、身内だけでしめやかに密葬を行うのは問題ありません。

しかし、密葬とは名ばかりで、遺体を荼毘《だび》に付すだけという形をとるならば問題です。自殺した人のたましいは、この世に未練を残しているケースが多いため、供養によって強く励ましてあげることが大切だからです。きちんと葬儀を行い、浄化を願うだけではなく、現世での学びを途中で放棄してしまったことへの反省を促すのも、亡くなったたましいにとって大きな意味があるのです。

遺族が故人の行いを恥じたり、事実を封印しようとすることも、たましいの浄化の妨げとなります。自殺をしたら、たましいが永遠にさまようと思う人もいるかもしれませんが、それは違います。自殺は現世における一つの過ち。自然死したたましいよりも、死を受け入れるのに葛藤があることもありますが、自らの過ちに気づけば、少しずつ浄化していくのは、第一章でも述べた通りです。その浄化のためにも、家族の励ましが必要です。「もう一度やり直しだね。でも今度こそ頑張って！」と、たましいに向かって声を掛けてあげましょう。

## Q 葬儀費用の節約はいけない？

**A** 葬儀は行うことに意味があるのであって、お金をかける、かけないは問題ではありません。葬儀は誰のためか、なんのために行うかをもう一度考えてみてください。

日本人は世間体を気にして、立派な葬儀を行う＝亡き人のことを考えていると捉える傾向が強いように思います。しかし、葬儀費用を捻出するために四苦八苦する遺族を見れば、亡くなった人も心苦しく感じることでしょう。

そのうえ、現世の人たちがこうしなければと思っている葬儀の内容には、亡くなって霊的世界に旅立った故人にとっては的外れな供養も数多く含まれているのです。供養は形ではありません。よく考えたうえで、必要のないオプションを外すのであれば、罪悪感を抱く必要はないでしょう。大切なのは、亡くなった人と向き合う時間を作ること。そしてたましいの浄化を願うことです。

たとえお金を節約しても、亡くなった人を想う心は決して節約しない。そのことさえ忘れなければよいのです。

## Q 生前葬を行えば死後の葬儀は不要？

**A** 生前葬で、お世話になった人たちに自分の気持ちを伝えておきたいと考えるのはいいことだと思います。また、周囲の人たちにも覚悟ができますので、本当に亡くなったときに備えてのグリーフケア（悲嘆回復）につながるでしょう。ですから、生前葬で気持ちの整理ができているのであれば、死後に絶対葬儀を行わないといけないというわけではありません。

しかしなかには、「死ねば無になるのだから、今のうちに」という間違った動機で生前葬を行う人もいるようです。そのような動機で行わないようにするのが第一ですが、もし行ってしまった場合には、本当に亡くなったときに改めて葬儀をしてもらいましょう。なぜなら葬儀で「あなたは今度こそ、本当に死んだのですよ」と教えてもらう必要があるから。死を自覚しなければならないからです。

いずれにしても生前葬をした人、またはこれからする人は、死後に改めて葬儀をするかしないかをエンディングノートなどに書き残しておきましょう。遺された人が迷わないための責任です。

## Q 知人の葬儀に参列するとき気をつけることとは?

**A** 私たちのたましいは、死んで肉体から離れると、霊的能力が全開になり、テレパシーによって人の心のなかを察知することができます。通夜や葬儀でのふるまいは、このことを意識すればおのずとわかるでしょう。

私は、葬儀の場で亡くなった方が喪主と並んで参列者に頭を下げているのを視ることがあります。仲の良かった人を見つけて「わぁ～来てくれたんだ！」とニコニコして喜んだり、かと思えば嫌いな人に対して「何をしに来たんだ！」とばかりに顔を背けたりしています。

「実はあまり好きではなかった人の葬儀に行くべきでしょうか」という質問を受けることがありますが、それは動機にもよります。今まで意地を張っていたけれど、本当は仲良くしたかったというのなら参列して、その思いを語りかけてはどうでしょうか。故人もその思いを受け止めるはずです。しかし、周囲の目を気にして形だけ出席するのであれば、それは控えたほうがいいと言えるでしょう。

また、お酒や食事をふるまうお浄めの席で、故人に無関係な話をするのも避けましょう。葬儀では久しぶりの再会も多く、そのためか単なる宴会のようになっている光景を見かけることがあります。故人との関わりが薄く、語りたい思い出や伝えたい思いのない場合は、長居しすぎず失礼するのが礼儀ではないでしょうか。

## Q 散骨やエンバーミングは浄化の妨げにならない?

**A** 結論から言えば、散骨を行ったり、エンバーミングをすることが浄化を妨げることはありません。

ただ散骨について申し上げると、動機によりますが、基本的に私は賛成ではありません。「地球の養分になれば幸いだ」というような謙虚な気持ちで希望するならまだしも、憧れやナルシシズムだったとしたら、散骨は〝散骨という執着〟です。

そもそも、骨を思い出の詰まったハワイの海に撒こうが、憧れていたアルプスの山に撒こうが、その場所にたましいが宿ることはありません。ヘタをすれば、養分どころか環境汚染にもなりかねません。どうしても散骨したいのであれば、そうした現実的な配慮を怠らないようにしていただきたいと思います。

またエンバーミングというのは遺体に防腐処理を施すことですが、これも動機次第と言えます。

葬儀まで時間があくという事情なら仕方ない部分もあるでしょう。ただ、そういった処置をすることによってご遺体を一定期間美しい状態のまま保存することができるとなると、遺族の執着心がかえって募るのではないかと心配です。

また、エンバーミングは損傷のある遺体を修復する場合にも用いられますが、そうまでして死後の顔を葬儀の参列者に見てもらいたいでしょうか。亡くなった人の立場からすればどうだろうかと、今一度考えてみてもいいのではないかと思います。

## Q　ペットの葬儀もしたほうがよい？

**A**　ペットを家族の一員と考え、人間と同じように葬儀をしてあげたほうがいいのだろうかと思う人は多いようです。

ですが、ペットの葬儀はしてもしなくてもかまいません。スピリチュアリズムの視点から言えば、動物は肉体にそれほど執着がなく、未浄化霊となってさまようということがほとんどないからです。

それよりも家族同然にかわいがったペットと離れたくないという思いから、いつまでもお骨を部屋に置くなどすると、ペットは後ろ髪をひかれて、進むべき世界へ旅立つことができません。餌入れやリードなども早めに片付けたほうがいいでしょう。

またペットの死後、亡くなったペットに悪いからと新しい動物を飼うことをためらう人もいます。しかしその飼い主の思いこそ、浄化を妨げるものにほかなりません。その思いが自分の執着なのだと理解し、断ち切るようにしましょう。

動物と人間では死後に進む世界が違いますが、第一章で説明した幽界という世界で、再会することができます。そのときを楽しみに、精一杯生きることが大切です。動物のたましいはとても純粋で、飼い主思いです。ペットが望んでいるのは、愛してくれた飼い主の元気な姿であることを覚えておきましょう。

## 三 お墓・供養についてのQ&A

## Q 夫と同じお墓に入りたくないがどうしたらいい？

**A** 「夫と同じお墓に入りたくないがどうしたらいいか」という悩みはとても多く、かつての相談者にも大勢いました。ですが、第一章をお読みになってもうおわかりのように、たとえ同じお墓にお骨が納められたとしても、そこで一緒に暮らすわけではありません。それでも嫌だというのであれば、共同墓地などに入ればいいことです。実家のお墓に入りたいという方もいますが、賛成はできません。夫と違うお墓に入れば、あとからお参りをする子どもたちや親族が大変な思いをするからです。その姿を見れば、「意地を通したけれど、みんなに迷惑をかけてまでこだわることではなかった」と思うはずです。実際に、そう後悔しているたましいを、私はたくさん知っています。

それに、ここで冷静になって考えていただきたいのは、それほどまでに嫌な夫となぜ離婚せずにいるのかということです。

経済的な事情のためでしょうか？ 子どものためでしょうか？ でも、一人で子どもを養っている人はいくらでもいます。夫に依存しているにもかかわらず、最期にわがままを通すというのは、あまりにも身勝手ではないでしょうか。まず、自分が今、自分の意思で結婚という道を選んでいるのだという覚悟を持ってください。そして、現世での人生そのものを見つめ直してみましょう。

## Q 独身者のお墓はどうする？

**A** 独身で子どものいない方の場合には、永代供養墓に入ることを考える方が多いようです。永代供養墓に入ること自体に問題はありません。共同墓地や納骨堂に、他の人の骨と一緒に納めてもらうのもいいでしょう。

ただし、自分の代で家が途絶えるという場合に、先祖代々のお墓を処分するのであれば、慎重に行う必要があります。今まで故人との面会所として使っていたお墓ですから、きちんと足を運び、「お墓を処分させていただきます。ご不満もあるとは思いますが、どうぞ事情を理解してください」と伝えてください。その労を惜しむと、故人のたましいは戸惑います。これはお墓の移転でも同じです。そして、生きている間は、精一杯の供養をしてください。よほど未浄化のたましいでない限り、わかってくれます。大切なのは常に礼儀を尽くす心です。

また、独身で実家のお墓に入るという選択もあるでしょう。なかには、カロウト（納骨室）が先祖の骨壺でいっぱいでスペースがないということもあるようです。この場合は、今入っている遺骨を骨壺から出して、一つにまとめて納めることをお勧めします。いろんな人の骨が混ざってしまっても、たましいとは無関係ですので大丈夫です。

お墓の下のカロウトの床をコンクリートで塗り固めているお墓も多いようですが、それはお勧めしません。本来、骨は土に返すのがベスト。骨や灰になったとはいえ、自分のものだと確定できる状態であると、この世に執着してしまうたましいがいるからです。

お墓に居着いてしまう未浄化霊をつくらないためにも、カロウトの下は土にして、遺骨を骨壺から出して撒くことが望ましいでしょう。今の段階では、先祖に対して「お墓にとどまることなく浄化してください」と伝えるのでもかまいませんが、いずれ土に戻すといいでしょう。

## Q 分骨してもいい？

**A** 骨自体にたましいは宿っていませんので、分骨そのものは行ってもかまいません。

ただし、問題は分骨をしなくてはならない事情です。第三章で詳しくお話ししますが、分骨をめぐって身内が争うことは珍しくありません。骨肉の争いや奪い合いと言ってもいいような揉め事に発展してしまうのです。故人は自分の亡き後、愛する人たちがいがみ合うことをとても嘆きます。そのことを気に病むあまり、浄化できないでいるたましいもたくさんいることを、私は知っています。今までそのような相談を受けたときには、「亡くなった方にいがみ合っている姿を見せるくらいなら、潔くあげてはいかがですか？」とお伝えしてきました。

身内の争い事とは違って、実家のお墓から遠方に嫁いだ方が、頻繁に両親のお墓参りに行きたいからという理由で分骨を希望するケースもあります。こうした場合には、親類縁者にもきちんと説明したうえで行いましょう。勝手に分骨してしまうと、あとで揉めるかもしれません。
いずれにせよ、お骨に執着しないこと、そして大切なのは想いだということを忘れないようにしましょう。

## Q　生前墓を建ててもいい？

**A**　「生前に自分の墓を建てると早死にする」などと言われ悩む方もいるようですが、生前墓を建てることは問題ありません。なかには本能的に自分の死を察して、その前にお墓を建てておこうと考える人もいます。そのような人は生前墓を建てたから亡くなったのではなく、亡くなることを予知して建てたのです。

ただ気をつけてほしいのは、納めるお骨がない場合には、地所を買うだけにとどめておくほうがいいということ。その家とは縁のない未浄化霊が、生前墓に居着いてしまうことがないとは言えません。私は墓地で、そのような霊を何度も見かけたことがあります。

もう一つ気になるのは、生前墓には、やたらと立派なものが多いこと。死後に自分が住む家のような感覚でいるのかもしれませんが、たましいはお墓に入るわけではありません。前述したように、お墓は遺族が故人を想うことで故人のたましいと触れあえる、面会所であるだけです。一般的なもので十分なのではないでしょうか。

逆にロッカー墓のような形を選ぶ方もおり、それを批判する人もいますが、お墓の形態にこだわる必要はないのです。特に今の都心部では、土地はないのにお墓は増える一方。それを考えれば、これからは省スペース型のお墓が理想と言えるかもしれません。

## Q 墓石に好きな文字を入れたいがかまわない?

**A** 最近では個性的なお墓を建てる人が増えています。墓石に好きな文字を刻みたいという希望も多いようですが、特に決まりはありません。私は自ら建てたお墓に両親の遺骨を移しましたが、そのお墓の台座には『たましいは永遠』という文字を刻みました。

文字だけでなく、形も個性的にする人がいるようですが、かといって特別に目立つものにする必要はないでしょう。自分の家のお墓に愛着を持つのはいいことでも、執着しすぎるのはいけないからです。

好きな文字を入れたいときは、台座に刻むことをお勧めします。というのも、お墓は自分だけのものというわけではないからです。墓石には『××家之墓』と刻んで、自分の家の面会所であることがわかるようにしましょう。側面に刻む個々の名前は、戒名でも俗名でもかまいません。もっと言えば入れなくてもいいのですが、こうしたことは先祖代々続いてきた家のしきたりに沿うのがいいでしょう。

**Q ローンを組んでお墓を買ってもよい？**

**A** きちんと返済する自信があり、故人のことを想ってどうしても建てたいというのであれば、ローンを組んでお墓を買うのは問題ありません。お墓の有無は、たましいの浄化に関係ありませんが、生前、故人がお墓のことをとても気にしていたから頑張って建ててあげたいと思うなら、その気持ちは故人にも伝わりますし、喜ぶでしょう。

## Q お墓が壊れたが無理してでも修理すべき？

**A** お墓は物質ですから、どんなに心を込めて手入れしていても、時間とともに老朽化していくものです。もし経済的に余裕があれば、修理をすればよいですが、そうでなければ無理することもありません。今はできないという事情を、正直に先祖の霊に伝えればいいのです。

故人が生前、お墓に対して神経質であった場合には、お墓が壊れていることを気にするかもしれません。もし、亡くなった人が夢に出てきて「直してほしい」などと不満を持っているようなら、「現世でもいろいろ事情がありまして、今はどうしても余裕がないんです。ご理解ください。それよりもお墓へのこだわりは捨てて、早く浄化してください」と言ってもかまいません。

「お墓が欠けているから家が栄えない」「早く直さないとよくないことが起きる」などと言う霊能者もいるようですが、日頃から心を込めて供養を行っていれば、気にすることは一切ありません。浄化の進んでいるたましいは、家族が供養してくれていることに感謝することはあっても、お墓という物質にこだわるあまり、愛する家族に祟《たた》るなどということはないのです。

しかし、供養もまったくせず、お墓が朽ち果ててしまったのであれば、先祖は子孫がお墓に無関心なことに心を痛めているでしょう。早めにメンテナンスをし、心を込めて供養をしてください。

**Q　嫌がる子どもをお墓参りに連れて行っていいか？**

**A**　行きたがらない子どもを、無理に連れて行くのはお勧めしません。子どもがお墓に対して悪いイメージを抱くことにつながるからです。なんとか連れて行こうと、「お墓参りに行かないとお化けが出る」などと脅かすのもよくありません。『北風と太陽』の話のように、無理強いはせず「お墓参りの帰りに皆で美味しいご飯を食べようね」など、家族団《だん》欒《らん》の行事として行うのがいいのではないでしょうか。「そんな不謹慎な」と思うかもしれませんが、楽しそうな家族の姿を見れば、ご先祖のたましいも喜びます。

できれば子どもが小さなうちからお墓参りに行き、習慣づけるのが大切です。

お墓参りではぜひ、先祖に対する敬いの心を子どもに伝えましょう。親がまず敬いの気持ちを持ち、お墓を大切にしてください。その姿を見て、亡き先祖のおかげで自分たちがいるのだと子どもは感じ取ります。先祖のたましいに対する感謝と礼儀の心を教えることは、親の務めです。

それとともに正しい供養の仕方を教えることも忘れないでください。「お願い事をするのではなく、元気にしていますと、よい報告をしましょうね」と伝え、親もそれを実践しましょう。

## Q 行く時間や頻度など、お墓参りの注意点は？

**A** まず、暗くなってからは避けましょう。

なぜかというと、日が暮れてから翌朝明るくなるまでは、霊が活発に活動する時間帯だからです。お墓に居着いてしまっている未浄化霊がさまよっている可能性が高く、不用意に行けば影響を受けることもありますので、注意が必要です。

　お墓に行く頻度というのは、もちろん決まりはありません。お墓に行かなければ供養できないのだとしたら、お墓のない人は先祖の供養ができないことになってしまいます。

　眠る前や街を歩いているときなどに亡き人を思い出し、亡くなった人に言葉をかければ、お墓参りをしたのと同じことです。それよりも「行こうと思ったのに、また行けなかった」とネガティブに考えるほうがよくありません。そうではなく「忙しくてお墓参りになかなか行けないけれど、今日も私は頑張っていますよ」と近況を伝えるといいでしょう。「行かなくちゃ！」という思いは、たましいに届いていますし、忙しいこともちゃんと理解しているはずです。

　墓地に行くたび気分が悪くなるという相談を受けたことが何度かありますが、気のせいであることがほとんどです。相談者のなかには憑依を疑っている方もいましたが、霊視では憑依はありませんでした。ではなぜその方は気分が悪くなっていたのかというと、親の回忌法要をしていないことを気に病んでいたのです。後ろめたさが引き金になり、お墓参りで具合が悪くなっていたわけですが、申し訳ないという気持ちはまっとうだと思います。やむをえずできないのであれば、心のなかで故人と語り合う時間を設けるなどして、気持ちを切り替えましょう。

同じ墓地にある親戚のお墓や、祀《まつ》ってあるお地蔵さんに、いつもお参りしないといけないのかと気にされる方もいます。

しなければいけないわけではありませんが、気になるならしたほうがいいでしょう。というのも、故人のたましいが呼んでいるため気になるということがあるからです。

あなたが実家に帰ったとき、近所に親戚が住んでいたら、せっかくだからと顔を出しませんか？　小さい頃にかわいがってもらった親戚なら、挨拶に寄るのも礼儀のうちでしょう。お墓参りも同じように考えてみてはいかがでしょうか。亡くなってもたましいの性格は変わりません。特にまだ浄化があまり進んでいないと、故人によっては「近くまできたのに挨拶もしないで！」と怒り出さないとも限りません。大仰に捉えずとも、立ち寄って手を合わせましょう。その「心」が大切です。

また、墓地内にあるお地蔵さんに、「一度お参りをしたら、継続しなければいけないのでしょうか?」と心配する方もいますが、継続しなかったからといって怒るお地蔵さんはいません。あるいは、隣のお墓の掃除をすると霊にすがられると思う人もいますが、それはそれでたましいに対して失礼な考え方ではないでしょうか。

親戚のお墓もお地蔵さんのお参りも、後になってしておけばよかったと気に病むのであれば、気づいたときにすればいいのです。

## Q 仏壇を置くときに気をつけることは?

**A** まず、仏壇は絶対になくてはならないというものではありません。経済的な事情や住宅事情から用意できない人もいるでしょう。その場合は部屋に遺影を飾るだけでも、思いを届けるアンテナになります。

仏壇を設置する場合、位置はエネルギーの関係から、北を背にして南向きに置くことができればベストです。次にいいのは、西を背にして東向きに置くパターンです。できれば、仏間か家族が集まるリビングに設置しましょう。最近は家具調の仏壇もありますが、開かずの間に設置することを避けるための工夫と言えます。デザインはたましいの浄化とは無関係ですので、決まりはありません。

仏壇と神棚が同じ部屋にあっても問題ありません。ただし、どちらを拝んでいるか紛らわしくなるので、仏壇を神棚の真下に並べるように置くのは避けましょう。少し間をあけて横に並べるか、上下であってもずらして設置してください。

一人っ子の女性が婚家に実家の仏壇を持って行きたいという場合もあるでしょう。「一つの家に仏壇が二つあってもいいか」と気にする人もいますが、スピリチュアリズムの視点からはなんの問題もありません。ただし、一つの仏壇のなかに両家の位牌を祀るのは避けましょう。未浄化のたましいが「よそ者が来た」と、狼狽《ろうばい》することもあるからです。

二つの仏壇は別々の部屋に設置するのが望ましいですが、もし無理な場合は隣同士で並べてください。上下に重ねて置くのはやめましょう。手を合わせるとき、お供えをするときには、両方に気持ちを込め、置かせていただいているという感謝を忘れないようにしてください。

どうしても婚家に持っていけない場合は、お寺に預けるというのでもいいでしょう。その場合には、ご先祖の霊にきちんと説明することが大切です。

**Q 遺骨をペンダントにして持つのは悪い？**

**A** 自分が死んだら、大切な人に自分の骨を肌身離さず持っていてほしいと思いますか？もしなくしてしまったら……と心配にならないでしょうか？ また、身につけていた人も亡くなったら、あとに残ったペンダントの処分はどうすればいいか、家族が困るのではありませんか？

大切な人をいつまでも近くに感じていたい一心で、ペンダントにして身につけていようと思うのかもしれません。しかし、そこまでして骨に執着しても、骨にたましいは宿っていないのです。亡くなった人はあなたの心のなかにいます。しかもその執着こそが、亡くなった人の浄化の足を引っ張ってしまうのです。なにも故人を忘れて生きるというのではありません。思い出を糧《かて》に、前を向いて強く生きていくことが大切です。その姿を見て、亡くなった人もあの世で浄化の旅を続けられるのです。

## Q 改宗するのはよくないこと？

**A** どんな宗教を信仰するのもあなたの自由です。例えば、家は仏教だけれど、自分はキリスト教の洗礼を受けた。あるいは仏教の宗派のなかで、家のものとは違う宗派に改宗したというのも、問題はありません。

ただし、先祖に報告するのを忘れないでください。そのうえで、家の宗教を守りながら、自分の信じる宗教を貫けばいいのです。ただ、それをほかの人に押しつけてはいけません。先祖供養は家の宗教にそって、行いましょう。

また自分の死後は、子孫が大変になりますから、家の宗教で供養してもらうのが望ましいでしょう。あの世には宗教により区別はありませんので、宗教にこだわるのはこの世だけの視点です。

## Q 霊能者に供養のための高額な費用を要求されたら?

**A** 「五十万円払えば供養をしてあげる」などと言ったり、さらには「私の言うことを聞かなければ、どうなっても知りませんよ」などと脅かすような霊能者は信用なりません。祟られることはありませんので、無視しましょう。

そもそも赤の他人がお金のためにすることは、供養などではありません。

「あなたの守護霊様が供養を望んでおられる」などという霊能者もいるようですが、守護霊は指示をしません。「霊のお告げ」というのも、仮にそれが本当だとしても、そんなことを告げる霊は低級霊です。低級霊と同じ波長の霊能者の言葉にすがることはありません。人は、自分の力で幸せになるのです。霊能者に供養してもらっただけで幸せになれるのであれば苦労はいらない、と毅然と断りましょう。

しかしながら、このようなインチキを言う霊能者に騙される人にも、まったく責任がないとは言えません。お金を払えば幸せになれる、試練が消えると思う横着な気持ちが低級な波長を呼ぶのです。

## Q 先祖供養に大金をかける家族を止めるには？

**A** 先祖のたましいの浄化を願って、供養にお金をかけるなら、無理のない範囲で気がすむようにすればいいでしょう。しかし、供養とは本来お金をかければいいというものではありません。ましてや、その目的が何か見返りを求めてのことならば、どんなに大金を積んでも望みが叶うことはないのです。そのことを家族に言い聞かせる必要があるでしょう。

「災いを起こさないでください」「商売が繁盛しますように」といったことを、先祖のたましいに願うのは筋違いです。なかには霊能者に「先祖が悪行をした因縁がある」などと言われ、そのせいで家業の商売が傾いていると思って供養にお金をかけてしまうというケースもあるようです。しかし、そもそも商売がうまくいかないのは先祖のせいでしょうか？ 現実を見ずに、うまくいかないことを先祖のせいにしているだけではありませんか？ その怠惰な気持ちを、まず改めなくてはなりません。

もちろん、先祖のたましいを供養することは大切です。でも、よい供養とはどれだけお金を使ったかではなく、どれだけ心を込めて浄化を願ったかです。そのことを、もう一度心に留めておきましょう。

**Q　愛人が堕胎した水子霊が夫に憑いていると霊能者に言われた**

**A**　そもそも、この世に生まれることなく亡くなった霊や幼くして亡くなった霊を、水子霊などと呼ぶのは愛情に欠けると言わざるをえません。そんな心ない言い方をする霊能者が供養を申し出ても、口車に乗ってはいけません。

幼児霊が祟ることは、ほとんどありません。霊障《れいしょう》などがあるとすれば、それは祟りではなく、寂しいというサインです。堕胎という身勝手な行為の免罪のために霊能者に供養してもらったとしても、幼児霊の寂しさは募るばかりでしょう。

その寂しさを癒やすことができるのは親の愛だけです。つまり、堕胎が真実ならば、夫が供養しなければなりません。妻は夫を責め立てたりしない冷静さを持ち、夫が供養をするよう、説得に努めましょう。そのうえで一緒に、その子の浄化を願っていただきたいと思います。愛人の子だからどうこうではなく、すべてのたましいの存在に愛をそそぎ、大切に想う心を持つことが大切です。

## Q 供養のときにお寺さんにいくらお金を包めばよいかわからない

**A** これは、現世的な儀礼と捉え、その家や地域などの慣例にならって決めればいいでしょう。いくら払えば供養できるとか、たましいが浄化できるというものではありません。もし、そう考えるとしたら、それは物質的価値観にほかなりません。大事なのは、形ではないのです。「志（気持ち）」として納め、「お世話になっています」という感謝の心を伝えることが大切です。

たくさん包めばよい供養になるというわけではないということを心にとどめておきましょう。

# 第三章

# 家族が揉めないために

# 一 亡くなってから揉める理由

## 揉め事の理由は大きく二つ

これまでの十五年に及ぶ個人カウンセリングで多くの方たちから相談を受け、また弁護士の方からお話を伺う機会もあり、私は、人生の最期の場面にはさまざまな揉め事があることを知りました。大きくは相続、お墓、認知などです。そしてこの現世での揉め事が、亡くなったあとも後悔や執着として残り、たましいの浄化を妨げているのだと強く感じます。

第三章では、人生の最期の場面に起こる揉め事について詳しく探っていくとともに、どうしたら揉め事を少なく、あるいは小さくすることができるか、さらにそれらをふまえてどうしたら残りの人生をより輝かせられるかについて、述べていきます。

まずは揉め事の理由から、探っていきましょう。

私のこれまでの経験からすると、揉め事の理由は大きく二つ。

お金か心情です。

〝お金〟が理由となる場合、お金がほしい気持ちが強く、その取り合いになるという比較的わかりやすいものです。兄弟姉妹同士で親の遺産を取り合うような揉め事が、その典型でしょう。

〝心情〟というのは、相続をきっかけにそれまで心の奥に秘めていた気持ちを晴らしたい、あるいは愛された証がほしいという場合です。「死ぬ前に自分を実子と認めてほしい」というような認知問題や、お墓やお骨の取り合いは、心情が元になった揉め事と言えるでしょう。

そして、お金と心情の二つが絡み合うこともあります。お金もほしいし、愛情の証もほしいという揉め事です。子どもたちに面倒を見てほしくてお金をちらつかせていた親が死に、ふたを開けたら遺産配分が偏っていたという場合などがその代表。「死んだら遺産をくれるというから面倒を見てあげたのに、これっぽっちなんておかしい。私のこと愛していなかったの？」などとなるのです。このようなお金と心情の絡み合いから起こる揉め事は、家族にはとてもつらいものです。揉め始めると、それまで表面化していなかった家族関係の問題点がつまびらかになってしまうからです。

次からは、お金、心情、さらにその絡み合いについて、もう少し詳しく述べたいと思います。

## お金への執着が揉め事を招く

人は、お金というものにとても執着があると言えます。あの世でお金は不要ですから、現世ならではの学びです。

特に身内の遺産相続にまつわる揉め事では、「身内だから、そもそももらえるもの」という意識が強いように感じます。どういうことかというと、「自分が稼いだお金ではないのに、人生のなかで自分が得るお金として最初から入っている」「勘定に入れて計算済みだから、亡くなる前からすでにもらった気でいる」ということ。

家を買うときに、「貯金がこのくらいで、ローンをいくらで組んで……、でもあとから親の遺産が入るから、もう少し高い物件にしてもいいかな」などと考える人もいるでしょう。

また、親の面倒を見ることで〝稼いだ〟気分になっている人もいるかもしれません。お世話した見返りとして、財産を分けてもらうことが当然のように感じてしまうのです。

こうした考え方が揉め事に発展する大きな原因です。

なぜなら「そもそももらえるもの」だと思っていたとしても、「必ずもらえるもの」ではないからです。

親は元気なまま亡くなるとは限りません。病気で手術を繰り返し、治療費がかさむこともあるでしょう。あるいは、施設での長い介護生活で、費用が大幅にかかることも考えられます。貯金を切り崩し、自宅や土地を売り、もしかしたら遺産がもらえるどころか借金が残るかもしれないのです。

「そもそももらえるもの」だと思っているから、もらえないときに「なんで⁉」という気持ちが強くなります。もらってもいないうちから自分のお金のような気になり、人生のお金の勘定に入っていたのですから、まるで誰かに「盗《と》られた」ような気にさえなるでしょう。

だから、揉めるのです。取り返したいと思うのです。

自分にはそんな執着心はないと思いますか？

他人事に思えますか？

「もらえるものならもらいたい」「法律で何分の一かでも権利があるならもらっておきたい」そんな気持ちがみじんもないと言い切れますか？

そのときの生活状況が苦しければ「いくらでもいいからほしい」と思うかもしれませんし、兄弟姉妹の経済格差があれば「あなたはゆとりがあるでしょうけど、うちは厳しいのよ」といった理由も加わるでしょう。誰でも、人のことは冷静に見られても、いざ自分がその立場になると視野が狭くなるものです。

お金の揉め事では、なにより〝人のお金をあてにしない〟ということが大切です。

「当然もらえる」ではなく、「そもそもないものだ」と思うこと。

親のお金は、親が汗水流して稼ぎ蓄えたお金であり、自分が稼いだお金ではありません。

土地や家も、親がいい物件を探し、面倒な手続きをし、苦労してローンを払い、今まで頑張って維持してきたもの。たとえ一緒に暮らしていたとしても、親のものです。
それを理解し、最初から期待しないことです。期待しなければ、もらえなくてもがっかりすることもありません。

## 愛されたことの証

遺品の取り合い、お墓やお骨の取り合い、家の継承争い、認知問題などの揉め事は、心情が理由の場合がほとんどです。お金の取り合いのように見えることもありますが、それは愛情の証が、親が大事にしていた高価な指輪といった遺品に置き換えられたり、遺産分割の割合といったお金に反映されているだけで、根本的には心情が理由であることが多いでしょう。

特に認知問題は、婚外子《こんがいし》（結婚していない男女の子ども）の相続配分に関して法律の改正が進み、意識が高まってきたと言えるでしょう。「お金はいらないから、親子と認めてほしい」というような訴えもあり、ひたすらに心情が理由だと思うと、切ないものだと感じます。

兄弟姉妹で揉める原因のなかでも〝心情〟はとても多く、そこにあるのは「自分が愛された」ことを証明したい気持ちです。

昔は、親がある程度年をとると、長男が家や家業、墓などを継ぎ、親の金、田畑もすべて受け取るということが一般的でした。そのため親が亡くなったあと、そのほかに遺産と言えるものがあまり残っておらず、長男以外の兄弟姉妹が譲り受ける財産はトータルとして少なくなります。すると「兄さんばっかり得している」とほかの兄弟姉妹は思うでしょう。「自分だって親に愛された」という証として何かほしい。その気持ちが、それまでの不平等感と相まって、揉めることになるのです。

現代でも、「お兄ちゃんだけ大学に行かせてもらった」「妹は結婚式の費用をたくさん出してもらった」などといったことから、「誰がかわいがられたのか」という意識になります。心の奥に積み重なった感情が、親の死で一気に露呈するのは、今も昔も変わりません。

お墓やお骨の取り合いは、心情が原因の揉め事の典型です。

例えば、後妻さんと、先妻さんの子どもが、夫（お父さん）のお墓やお骨を取り合うケースなどは、過去のカウンセリングでもよくある相談でした。

大事なのは、「亡くなった人のたましいは、お墓にもお骨にも宿っていない」ということです。つまりお墓やお骨を持っていたからといって、愛情の証にはならないのです。亡くなった人はたましいのふるさとに帰り、この世の人たちが自分を大切に思う気持ちもちゃんと理解しています。きちんとあの世のしくみを知れば、〝心情〟は落ち着きます。

お墓やお骨で揉める人に、私はよく「昔の大岡裁きと一緒」と言います。

一人の子どもを二人の母親が「自分の子だ」と言い張り取り合いますが、どちらも譲らないので大岡越前が仲裁に入るという話です。「ならばそれぞれが両側から子どもの手を取って引っ張り、自分のほうに引き寄せたほうが実母である」と言うと、二人の母親は同時に両手を引っ張った。すると子どもが「痛い！」と泣き出した。それを見て「子どもが可哀想だ！」と思わず手を離したほうが真の母親だったというもの。

このお話の〝子ども〟を〝お墓やお骨〟に置き換えてみてください。身内が両側から取り合っている様子を、あの世のたましいはどう思って見ているでしょうか。一番つらいのは誰でしょうか？　それがわかるなら「ほしい人にあげればいい」と、自分は手を離し、争いを終わらせるのが、本当の愛情ではないでしょうか。

お墓やお骨の取り合いにかかわらず、あの世から亡くなった人がこの揉め事をどう思っているのかと考えてみれば、自分の気持ちを晴らすだけの揉め事は長引かせないほうがいいと気づけるはずです。

## なぜ身内だと揉めるのか

お金と心情、この二つが絡み合う揉め事は、いっそうつらくなると述べました。家族関係の問題があからさまになってしまうのだ、と。お金で愛情を釣るような親子関係から生まれた揉め事を例として前述しましたが、これはカルマと言えるでしょう。

面倒を見てほしいからとお金をちらつかせた親。愛情はお金に反映されるはずと思い込み、手に入れることを期待していた子ども。お互いがいい顔をしてその場をとりつくろい、見た目には仲のよい関係を演じていた家族のカルマが、相続という場面で一気に表れただけのことです。

言ってみれば人生最期の揉め事には、その人、その家族の生き様が表れます。厳しいことを言うようですが、揉め事が起きるような家族は、もともとそういう家族だったのです。

では、なぜ身内だと揉めるのでしょうか。

弁護士によると、「兄弟姉妹だけで話し合うとそれほど難しい争いにはならない。そこにそれぞれの配偶者や親戚が加わると、揉め事は大きくなる」のだとか。

当人以外が加わることで揉め事の性質が変わることはあるだろうと、私も思います。

例えば、後妻さんと先妻さんの子どもの揉め事でこんなことがありました。

子どもがまだ小さいときに後妻に入り、我が子同然に育てた。それなのに夫が亡くなると、後妻さんはその子に「家を出るように」と言われてしまったというものです。我が子同然に育てたとはいえ、小さい頃から積み重なったわだかまりが子どもの側にあったのかもしれません。しかし、大きな影響を及ぼしたのは親戚の「あの人は後妻なんだから、出ていってもらったほうがいいわよ。もらうものはもらったんだし、もういいでしょ」というひと言だったそうです。

葬儀で集まったときに、親戚があれこれ無責任なことを言う構図というのは、想像に難くありません。

兄弟姉妹が〝心情〟を原因として揉める場合でも、それぞれの配偶者が関わると急に

〝お金〟に焦点があたり、大きく揉めることもあります。本人はそう思っていなかったのに、配偶者が「そもそももらえるお金なんでしょう?」と後ろから言い始めると、その気になってしまうことも多いと聞きます。そういう意味でも、二つの要因は複雑に絡み合うものだと言えるでしょう。

## 二 さまざまな揉め事

### いつ当事者になるかわからない

ここからは、もう少し実例を交えながらどんな揉め事があるのかを見ていきますが、最初にお話ししておきたいことがあります。

それは、どんな揉め事も人ごとではないということです。

「うちには財産なんかないから相続問題なんて起きない」「相続なんて先の話」「独身でこ

の先、家族を持つ予定がないから関係ない」などと思っていても、いつ、どういう形で、自分が当事者になるかわかりません。揉め事に巻き込まれるだけでなく、揉め事の原因を残す側に自分がなるかもしれないのです。

相続には、その人の生き様が表れると申し上げました。子育てやコミュニケーションなど、それまでの過ごし方の積み重ねが露呈するからです。人生最期のときだけの問題では決してありません。

弁護士によれば、離婚時の財産分与で揉めている二人が、一方の親から相続したお金を共有財産に含めるか否かで揉めることもあるそうです。親からの相続だと証明できる古い預金通帳を保存しておくべきだったのに捨ててしまった、いまさらもともと自分だけの財産だという説明ができなくて困っているというケースもあるとか。親からだからと、もらうときに曖昧に扱い、さらに記録を残しておかなかったというのはありがちなことだと思います。しかし、それがあとになって相続とは関係のない問題で揉め事の火種になるとは思ってもみないでしょう。

このように現実の揉め事では、相続だけの問題ではなく、離婚や介護など人生のさまざまな問題が加わり複雑になります。

どうか自分のこととして想像してみてください。「うちは大丈夫」ではなく「うちだって、いつ、何で揉めるかわからない」、「自分は関係ない」ではなく「自分だったらどうだろう」という意識を持っていただきたいのです。そうしなければ、揉め事に発展させないための準備だってできないのですから。

## 遺品は誰のもの？

人一人が亡くなると、その遺品の整理は大変だと言います。あふれるほどの物に囲まれて生活をしている現代人の、また物質社会で生きる現世の人々のカルマとも言えます。物に対する執着が現世への未練となるばかりでなく、後始末の苦労を遺族が背負っていると思うと、その申し訳なさで浄化が遅れるかもしれません。

私なども物を多く持ちすぎている現実を見つめ、必要なものをなるべく厳選して、ミニマムな暮らしへとシフトしています。すでに今から、先を見据えた準備を始めているのです。

遺品にまつわる揉め事では、貴金属や着物など高価な物を取り合うという話をよく聞くかもしれません。しかし高価な物に限らず、そこに「思い出」が加わると、どんな物でもお金以上の価値を持ってしまいます。

こんな例があります。亡くなったお母さんの遺品である携帯電話を、二人の子どものどちらがもらうかで揉めたというのです。高価な指輪や骨董品、着物などではありません。携帯電話です。

他人からしてみれば、「携帯電話ぐらいで争うの?」と思うでしょう。でも、当人たちにしてみれば、かけがえのない大切な品です。「お母さんが撮った自分の写真が保存されている」「自分宛のメールが残っている」「最後にお母さんと話した」思い出の携帯電話。「自分がかわいがられた」という証拠であり、愛情の証になっているのです。

争ううちにいろいろな気持ちがあらわになるのでしょう。

親の介護に尽くしたのはどちらか。子どもの頃にかわいがってもらったのはどちらか。結婚後の金銭的格差から、嫁姑関係、夫婦関係、子育ての苦労、日頃の愚痴も上乗せされます。独身者であれば、親の介護にお金や時間を多く費やしたのは自分で、親のために自分を犠牲にしたという気持ちも加わります。逆に既婚者から見れば、独身者は自由で自分の人生を謳歌している、好きなことをして人生を送ってきたように見え、嫉妬もするなど、それぞれに思うところが出てくるものでしょう。

あれもこれもと、過去から現在までのあらゆる心の澱《おり》が出てくることは、裁判でも珍しくないそうです。そのため話し合いが長引いていくと、血のつながった家族でも修復が難しくなるのだとか。

遺品一つとっても、人によってこだわるポイントは違います。他人から見れば理解しがたいことが、自分にとっては譲れない大切なことだというのは誰にでもあるのではないでしょうか。相続と言っても千差万別。そのケースごとにいろいろな背景や心情が、絡んでくるものなのです。

## 親子と認めてほしい

揉め事は死んだ後にだけ起こるとは限りません。生きているうちに、「自分を実子として認めてほしい」というケースもあります。

〝心情〟を理由とした揉め事の代表とも言える認知問題。その根本にあるのは「父親がいないことで差別されて育った気持ちを晴らしたい」という思いや、「自分が父親の立場になり、戸籍欄に父親の名前がないことの意味を改めて考えた末、はっきりさせておきたいと思った」というものであったりします。そのため弁護士によれば、婚外子の父親とされる人が高齢になってから「財産はいらないから、死ぬ前に認知だけはしてほしい」という訴えを出されることがあるそうです。

父親がすんなりと認めればもちろん揉めることはないわけですが、「認めたくない。なんとかお金で解決できないか」となれば揉めます。父親からすれば、現在の家族との関係をなるべく壊したくない気持ちがあるでしょう。認知してしまうと、将来、現在の家族に「骨を拾ってもらえなくなる」という計算が働くのかもしれません。

現代医療では、DNA鑑定という方法がありますので、親子関係を明らかにするのは比較的容易となりました。だからといってすんなり鑑定へと進まないのがこの揉め事です。なぜなら気持ちのほかに、今度はお金も絡んでくるからです。いくら子どもの側が「お金の問題ではない。認知してほしいだけ」と言っても、もしはっきり実子とわかれば、亡くなった後、法的には相続人になります。遺産をもらうにせよ、もらわないにせよ、さまざまな手続きが必要です。そこで父親の現在の妻や異母兄弟姉妹たちと揉めないとは限りません。

弁護士のところには、認知訴訟を起こされた父親からの相談もあるそうです。そのケースごとに対応は違いますが、DNA鑑定をしつつ、その結果、認知するとなったら、婚外子にも遺産が渡るような遺言書を書くようアドバイスすることもあると言います。

父親は人生で自分がしてきたことの清算をすることになりますが、おいそれとは割り切れない。認知したくないからなんとか鑑定せずにお金で解決しようとしたり、現在の家族との仲を保ちながら穏便にすませようとします。第三者から見れば親の身勝手だと感じるでしょうし、問題を先送りにしても、解決はしないとわかります。揉め事が長引いてそのまま亡くなれば、残された家族も悩み続けることになる。死に逃げはできないのです。

また、昔はよくあったことですが、実際には親子関係がないのに、戸籍上は親子として届け出て、育てているケース。身内の子どもを引き取って育てる際に、正式な手続きを踏まずに実子として育てるというような場合もあります。家族や親類のなかでは公然の秘密とされていてそれまでは本当に家族同然だったのが、いざ相続が始まったとたん、兄弟姉妹間で「本当の子どもじゃないのに」と揉めることもあるとか。法律の上では実子なので平等ですが、「本当は違うのだから平等なのはおかしい」という気持ちが芽生えるのでしょう。結局のところ、子どもの頃に誰が得をしたかというような心情に行き着くのです。

婚外子の遺産相続分について法律の改正が進んだこともあり、今後こうした認知や親子関係にまつわる相続について、考える人が増えるかもしれません。現代ではすべて法律に則って判断されますが、それでも親の愛を確かめたいという〝心情〟の争いは、今もまだあるのです。

## 借金も相続される

借金も相続されることをご存じでしょうか？

借金を背負った人が亡くなると、その借金を含めた遺産が相続の対象になります。家や土地などの不動産や預貯金だけが財産だと思っていたが、借金と相殺してみたら、結局のところ借金のほうが大きくてマイナスの財産だったということもあります。

そこに相続放棄が絡むと、少し複雑です。

例えばあなたが借金を背負ったまま、亡くなるとします。配偶者や親がすでに亡くなっていれば、子どもがすべての借金を相続することになります。そこで借金だからと、子どもが相続放棄すれば万事解決かと言えば、そう簡単には終わりません。

もしあなたに兄弟姉妹がいたならば、子どもが放棄した借金は、その兄弟姉妹に相続権が移ります。もし兄弟姉妹がもう亡くなっていたとすれば、その子どもである甥や姪にも相続は及ぶそうです。また相続放棄の申請には期限があります。相続人たちが、これら法律の知識がないまま放っておくと、思わぬ形で相続問題が発生したり、巻き込まれたりしかねません。住宅ローンというのも借金の一つですが、これは返済途中で亡くなることも考えた仕組みが作られており、返済中に亡くなると残りのローン（借金）は保険で支払われるそうです。

現世を生きる以上、こうした「物質界」のことも理解したうえで、死後のことを考えるのは大切なこと。例えば、死後に借金が相続されることまで視野に入れて、人生設計を考えましょう。そうすればお金の借り方や使い方もより慎重になるのではないでしょうか。

このように、争いの火種を後に残さないようにしておくことは、遺される人たちを想う大我であり、自らも現世に執着を残さないようにするための心がけなのです。

## お墓にまつわる揉め事

お墓やお骨の取り合いは愛情の取り合いで揉めているのと同じということは、すでに述べた通りですが、お墓の揉め事はそれだけではありません。

お墓の管理を継いだ長男が、ほかの兄弟姉妹に断りなくお墓を別の場所へ勝手に移してしまった。後妻に入った家のお墓に入るつもりでいたが、夫が死んだあと先妻の子どもと揉めたので入れそうにない。さらに最近は離婚も含め、独身で一生を終える方も多く、自分がどこのお墓に入るのかという問題もあります。

自分は独身で子どもがいないから、死後は実家のお墓に入りたい。一人っ子だから自分が死ねばお墓を管理する人がいなくなるだろう。ならばお寺に寄付をし、お墓の永代供養もあわせて行ってもらおうと考え、実家のお墓があるお寺に相談したら、そのような供養をしていないとわかったという話も聞きます。お墓という「形」にこだわらなくても、たましいは、浄化します。しかし、事前に準備をしておかないと死後にお墓やお骨の取り扱いで、誰かの手をわずらわせることにならないとも限りません。

親の遺産相続で兄弟姉妹が揉めながらも、そのうちの独身者が「関係はうまくいっていないけれど、将来、同じお墓には入れてほしい」という思惑が働くことも。当然、争いのなかで「こんな主張をしたら、お墓に入れてもらえなくなる」と、駆け引きがなされます。そうなると、相続問題はいっそう複雑になるでしょう。

お墓はたましいとの面会所と申し上げましたが、亡くなった人へよい報告をする場所どころか、供養の心とかけ離れた揉め事を抱えている場合が多いことに気づかされます。誰のためのお墓なのか、どういう場なのか、亡くなった人の想いを、もう一度考えてみることが大切でしょう。

## 三　揉めないためにしておくこと

## 弁護士や裁判を利用する

ここまでいろいろな例を挙げてきましたが、亡くなったあとに起こる揉め事は、同じケースは一つもないと言ってもいいほど、実に千差万別です。そして家族でさえ、いえ、家族だからこそ揉めるといっても過言ではありません。自分の家族や身内のことを悪く思いたくないかもしれませんが、人は所詮《しょせん》、小我なのです。最初から揉めるものなのだと思って、準備をしておきましょう。

「金持ち喧嘩せず」ということわざがあります。本来は、「金持ちは喧嘩すると損だから人と争わない」という意味ですが、私は「豊かな経験を積んでいる人は喧嘩せず」と捉えてもいいと思います。心の豊かさがあれば、相手の気持ちや問題点を冷静に分析でき、揉め事は起こしません。収拾のつかない喧嘩になるのは、感情にまかせてしまうからです。

そういう意味で言えば、私は相続などで弁護士に相談するのは、とてもいいことだと思います。理由は、感情的にならないため。理性で解決するためです。

どんなことでも感情であれこれと悩む人がいますが、その悩む時間そのものが惜しいと、私はいつも申し上げています。限りある命の時間のなかで、それほどもったいないことはない、と。

ですから感情的になるよりは、理性ですべて判断するために、弁護士に相談したり裁判に持っていくのは、悪いことではありません。むしろ、ふだんから何か揉め事があったり、法律のことで困ったときには、弁護士に相談する機会を持つなどして、もっと身近に利用してはどうかと思います。

間に弁護士を入れると、時間がかかると思うかもしれませんが、時間がかかっても、理性的に判断できるぶん、自分のストレスは少ないのではないでしょうか。逆にその手間を惜しめば、感情論になった末、結局のところ裁判になるということもあります。

また、弁護士に相談したり、裁判となると、身内の揉め事を公にするようで嫌だという人もいます。世間体を気にしているからでしょう。「裁判沙汰にして」などと非難され、身内の仲がよけいこじれそうだからと、親戚や近所の顔役のような人にこっそり相談してしまうようです。

しかし、親戚や近所の顔役と言われるような人に意見を聞くと、まず法律の知識がないので、問題が感情論へとすり替わっていきやすいのです。そして多くは対立するどちらかの味方になり、公平な意見にはなりません。不公平な解決になったり、あるいは解決できずに問題が大きくなりがち。そのような人たちは仲介役には向かないのです。

それにいくら世間体を気にして裁判を避けようとしても、結局、揉めるのは同じではありませんか？　何度も言うようですが、世間では〝いい家族〟のように見えていたとしても、それは取りつくろっていただけで、もともと揉めるような家族だったのだという事実は、受け入れるしかないのです。

ここまでの例でもわかるように、心情が元で身内同士が争うような場合は、感情論になって問題が大きくなります。ならば早めに弁護士を交えるほうが理性的になれますし、こじれ方も最小限ですむでしょう。

弁護士に相談するのは事務的すぎるという人もいます。しかし私は逆に事務的に進めたほうが、理性的でいいと思うのです。シンプルに解決していけば、いたずらに怨恨などを残すことはないでしょう。もちろん、何もかもドライに切り捨てるわけではありません。感情をいかにコントロールして理性的に収めるかを、法律に則って考えているのが弁護士であり裁判です。「コンサルタントやカウンセラーのような役割もある」と言う弁護士の方もいます。費用の面で心配される方もいますが、法テラスや行政に無料相談の場もあるそうですから、調べてみるといいのではないでしょうか。

### 遺言書・エンディングノートを書く理由

私は、遺言書やエンディングノートを書いていない人が多いことに驚きます。人は必ず死ぬのです。しかも、それはいつなのかわかりません。十年後かもしれませんし、一ヵ月後かもしれないのです。ここまで読んでおわかりでしょうが、なんの準備もなく死ねば、家族が困ります。その姿を見て、悲しむのは自分です。

「自分のカルマだからそれでいいんだ」と思いますか？

では、「家族が困ることも仕方ない」と思えるでしょうか？

それではあまりに小我です。愛情や思いやり、想像力があれば、答えは明らかです。

また、もしも家族がいなければ、エンディングノートを書かなくてもいいのでしょうか。

「天涯孤独の身で、友人もいないのでエンディングノートを誰に宛てて書いたらいいのかわからない」という人もいます。ですが、誰でも最期は誰かのお世話になります。「葬式はいらない、お骨もそのへんに撒いてくれ」と思っていても、その手続きは誰かがしなくてはいけません。それまで住んでいた家やわずかに残った荷物の処分も、誰かの手をわずらわせることになります。その〝誰か〟は、会社の人かもしれませんし、仮に知人や友人がいなければ、福祉や役所の人かもしれません。

その方たちはまず「亡くなった方はどういう希望を持っていたのか」を知りたいのではないでしょうか？　たとえ〝仕事〟として手続きを踏んでくれたとしても、「見ず知らずの人ではあったが、自分たちが勝手に処分してしまってよかったのだろうか」と思うかもしれません。そんなふうに、最期にお世話してくれる方たちの気持ちも考えてみてください。そこまで考えることができるのが大我です。

「自分は天涯孤独だから、あとはどうにでもしてくれて結構」と思うのは、こだわりがないように見えて、自分のことしか考えていない小我、無責任です。

遺言書なり、エンディングノートなりで自分の希望を伝えることは、家族がいようが、天涯孤独だろうが、誰もがしなくてはいけないこと。人生をまっとうするための最後の責任です。

## 遺言書は財産の多さにかかわらず書く

遺言書は、法的な効力を持たせるためには、きちんと書く必要があります。そのあたりの詳しい説明は専門家や専門書に委ねますが、やはり法律の専門家に相談して作るのがいいでしょう。なかには自筆の遺言書で、具体的な日付を書かねばならないところに日付がなかったり、「四月吉日」と書いたりして、それが問題で遺言書自体が有効か、無効かで揉める例もあると聞きます。

弁護士によると、遺言書を書いても「身近な家族に納得してもらえるような内容にしておかないとトラブルの元になる」と言います。

例えば年をとって介護される側になり、そのとき世話をしてくれた人がとても親身になってくれたので、その人に財産の多くを譲るような遺言を書く人もいるそうです。家族が内容に納得できないということもありますが、果たして遺言を書いたとき、本人に判断能力があったかも問われます。事前になんの説明もなく、ふだんからのコミュニケーションもなければ、残された遺言書を読んで「いったいどうしちゃったの？　騙されたんじゃないの？」と家族が思うのも無理はないでしょう。

「お金がある人の話でしょう」と思うのも短絡的です。お金があったらあったで確かに揉めますが、「財産が自宅だけで現金はない」というような場合も例外ではありません。資産価値のある家なら、相続税の問題があります。資産価値がなければ、相続税はかかりませんが、今度は分け方が難しい。家を切って分けるわけにいきませんから、売って現金化し分けようとする。ところが資産価値がないと簡単に売れないこともあります。その間にも、家には固定資産税などの税金がかかりますから、払わなくてはなりません。

「家もお金もない」とは言いながら、物余りの日本です。なにがしかは残るはず。揉め事を最少限にする意味でも、遺言書は作っておいたほうがいいでしょう。

## エンディングノートは人生を輝かす

エンディングノートは、人生の旅の終わりに備え、自分の希望を書き残しておくためのものですが、遺言書のような法的ルールはありません。自分の希望や思いを自由に伝えることができますから、家族への感謝を書き添えたりするのも、とてもいいことだと思います。

書き方が法律に則っていれば遺言書を兼ねることもできるそうですが、万が一無効になってはいけませんので、別に用意した方がいいでしょう。

これまでの私の書籍にもエンディングノートを付録にしているものがあります。延命措置や余命告知についての希望、臨終を迎えたい場所、最後に食べたいもの、葬儀や埋葬についてなど、項目は多岐にわたります。それは遺された人のためであると同時に、自分のためでもあります。自分の希望を明確にし、準備し、家族にそれを伝え、少しでも後悔や無念をなくして浄化するためです。

もし、大切にしているダイヤのアクセサリーを「娘に譲りたい」と思うなら、それを書いておけば遺品の整理がスムーズに進みます。高価な物でも「故人の遺志なら」と、ほかの家族は納得し、揉めることも少ないでしょう。しかし思っているだけでは伝わりませんし、以前に口頭で伝えただけでは忘れられていることも……。亡くなってから宝飾品をすべて処分されたり、違う人に譲られたり、家族で取り合いになっては、未練や執着を生んでしまうかもしれません。

自分は思うように生き、望む選択をしたと思っていても、親戚や関係者が遺された家族に心ない言葉を向けることはあります。「延命治療はしなかったらしいけど、本当にそれでよかったの？」などという言葉です。そんなとき「エンディングノートでちゃんと希望していた」となれば、みんなが納得しますし、いつまでもその言葉がトラウマのように残ることはないでしょう。あの世の自分も、家族が悩む姿を見なくてすみますから、安心するはずです。

自分の最期、死を想像することはタブーではありません。「縁起でもない」などと避ける方もいますが、そんなことはないのです。それどころか生を充実させます。最期をこんなふうに迎えたいと思えば、そうなるための準備や努力をしますし、そこまでの人生をもっと輝かせたいと思うのではないでしょうか。

自分が最期にどうしたいか、よくわからないと言う人がいますが、それならば、まずこれまでの自分の人生や現在の人間関係を振り返り、書いてみてください。自分の財産などについても書き出し、見つめ直してみましょう。それはいわば、人生の旅の途中経過です。

その途中経過を改めて確認していくうちに、自分にとって大切なもの、これからもっとしてみたいこと、行ってみたいところ、すべきことが見えてくるはずです。新しい人生の目標が見えてくるかもしれません。まずは一つずつ書けるところから書き始めましょう。そうすれば、その先の旅の終わりをどう迎えたいかも、見えてくるでしょう。

遺言書もエンディングノートも、いつでも書き直していいのです。自分の資産や家族の状況、人生の目標が変わることもあるはずです。自分にとっての大切なものや価値観の変化にあわせて書き直せば、それも大切な自分史になります。

## 現世でのコミュニケーションを忘れない

遺言書やエンディングノートを書いたら「それで終わり」ではありません。

遺言書やエンディングノートを書いたこと、その保管場所を家族に伝えておくことが大事です。

遺言書があると思わず、遺産を分け終わったあとで遺言書が出てきて、遺産相続のやり直しとなるのは大変です。お金を使ってしまってから、返せと言われても困るでしょう。

急に倒れて病院に運ばれたとき、エンディングノートに延命措置の希望を書いておいたのに、家族がそれを知らなければ意味がありません。

さまざまな後悔が、生者にも死者にもあるとすでに述べました。その原因の一つは、生きている間のコミュニケーション不足です。遺言書やエンディングノートを書いて、自分の思いが家族に伝わっていれば、どれほどお互いの後悔がなくなるでしょうか。

最期の準備も終えておけば、お互いに不安もなく、清々しく生き抜けるでしょう。遺される家族も前向きに生きることができ、亡くなった人も、安心してあの世で浄化の旅を続けることができます。生きている間も、死んだ後も、みんなが笑顔で幸せに暮らせるのではないでしょうか。

私は、現代人にはコミュニケーションをもっと上手にとってほしいと感じています。

東日本大震災のときもそう感じました。

大きな災害のあとは、多くの方が悲しみのなかにいます。愛する人、家、ふるさと、仕事をなくして途方に暮れ、誰もが本当に未来はあるのかと思います。自分は仕事を失い、どうやって会社を立て直そうかと思い悩み、愚痴も言いたい。でも隣にいる人は大事な家族を亡くしているから、愚痴なんて言えないし、こんなことで嘆いちゃいけないと思う。自分のまわりにいる人も悲しみを背負っていると思うと、自分の悲しみを言うことができず余計に行き詰まっていく。そんな日々でしょう。でも、我慢しすぎてはいけないのです。それぞれが大変なときこそ、みんなで寄り添い合って、気持ちを聞き合うことも大事だからです。

震災に限らず、ふだんでも自分が泣きたいとき、愚痴を言いたいときがあります。そんなときは、「すみません、ちょっと泣かせてください」「ちょっとだけ愚痴を言ってもいいですか?」と、ひと言添えてみてください。きっと「嫌」とは言わないでしょう。そして、ダラダラと愚痴を言い続けるのではなく、けじめを持つ。「三分だけ愚痴ってもいい?」と聞いてもいいでしょう。それが上手なコミュニケーションではないでしょうか。自分の気持ちを伝えるのはわがままではありません。お互いが理解し合う第一歩です。それが人生の最期の場面についてならなおさらです。

もちろんエンディングノートを書いていたとしても、自分の希望が叶わないことはあります。「こんなお葬式を執り行ってほしい」と願っても、費用や会場の都合などさまざまな理由でその通りにいかないこともあるでしょう。現世の事情があるので仕方ありません し、そこに執着を持ったのでは本末転倒です。希望はあるけれど、あとは遺された人に委 ねてもかまわないという覚悟と、おおらかな気持ちが大切です。それも、日頃のコミュニ ケーションでちゃんと伝えておけばいいこと。

家族のなかでも、死をタブー視せず、明るく話し合えるぐらいでいてほしいと思います。

## 自立して生きていれば揉めない

日本人は孤独に対する恐怖心を抱く人が多いようです。

「一人でいる人は、人としてダメな人」というような意識があり、自分はそう思われたく ないと思っている人は珍しくありません。一人でお昼ご飯を食べている姿を見られたくな いからと、トイレに籠もってお弁当を食べる学生もいるそうです。

〝お一人様〟という言葉が、わざわざ使われたりするのも、日本ならではでしょう。

小さい頃から「お友達をたくさん作りましょう」「みんなで一緒に仲良くやりましょう」 と言われ、「みんなと一緒のほうが楽しい。いいことだ」と刷り込まれているのかもしれません。

よく、人と人は支え合っているといいますが、いつもそうだったら依存です。困っているときは支え合っても、困っていないときは一人。だからといって薄情だとか、冷たいというのとは違います。一人でいるからこそ、いざというとき困っている人にやさしくなれるのです。

なぜ、こんな話をするのかというと、孤高に生きることが、死に方にも通じるからです。相続で揉めるのは、人のお金を当てにしているからではありませんか？　最初からないものだと思って自立して生きていれば、揉めることはありません。

お金を子どもに残すと言っておかないと、将来、子どもに面倒を見てもらえないのでしょうか？　だとしたらそれは打算です。自分のほうにもお金を払ってでも子どもとつながりたい気持ちがあるのではないでしょうか。それは、大金を払ってでも子どもや孫に頼られたいと思う気持ちがオレオレ詐欺を招いていることに、とてもよく似ています。

子どもに「一円もやらないから、世話も何もしてくれるな。葬式の準備は自分でやるから心配はいらない。その代わりお前たちの面倒も見ないから、これからは自立して生きていきなさい」と言うほうが潔いと感じます。そして、一人で生活できる間は一人で生き、お世話が必要になったら、お金を払ってヘルパーさんに来てもらえるよう、準備しておく。そのくらいの心づもりができていれば、不安もないでしょう。

もし、「面倒を見てくれるお子さんがいていいですね」と言われたいがために子どもをつなぎとめておくのだとすれば、それは世間体を気にしてのこと。お金を払ってヘルパーさんを頼むのは恥ずかしいでしょうか？「よく働くいいヘルパーさんですね」と人から言われたら、恥ずかしいですか？もしそう感じるなら、「子どもがいるのに面倒を見てもらえないんだと思われている」と思う自分、世間体を気にしている自分に、気づくべきです。

また、家族や身内、親戚といった血のつながりにこだわりすぎないことです。

揉め事が絶えないのに、「身内だから付き合わなきゃ」と無理に関係を守ろうとするのはなぜでしょうか。やはり世間体ではありませんか？ 私は「遠くの親類より近くの他人」でいいのではないかと思います。気の合わない身内と無理に付き合うよりも、一人で生きる。困ったときは近くの他人と助け合えればいいのです。

## 孤高に生き、孤高に死ぬ

孤高に生きることを考えましょう。

孤高は孤独や孤立とは違います。自立と自律ができていて、自分の人生を大切に過ごす生き方です。孤高に生きることに寂しさはありません。「わかってほしい」という依存がないからです。家族に依存すれば、裏切られたときのショックは大きいでしょう。孤高に生き、依存しなければ、ショックもありません。

私は、みなさんに孤高に生きることは楽しいと気づいていただきたいのです。

身近なところから想像してみてください。

一人でレストランに入って、食事ができますか?

一人旅ができますか?

一人で、自宅のリビングで夜を過ごせますか?

一人ならレストランで気兼ねなく好きな物をオーダーして、自分のペースで食べることができます。誰かと話したければ、お店の人と話せばいいのです。そこで親しくなって、ほかのお客さんを紹介されたり、新しい人間関係が生まれるかもしれません。そのうちなじみの店になって、新しい情報をもらったりすればもっと楽しいでしょう。

一人旅なら、時間を気にせず行きたいところに行って、楽しむことができます。温泉にも好きなだけ入れますし、部屋でゴロゴロしていてもいい。食べるところ、食べるもの、起きる時間、寝る時間なども自分で自由に調整すればよいのです。ただ、自由なぶん、何をするにも自ら思考し、決めていく必要はあるでしょう。当然のことですが、自由には「責任」も伴うのです。

一人で自宅にいると虚しいでしょうか？　孤高でいられれば、決して虚しくはないでしょう。「私って一人なんだ」と落ち込まず、好きな音楽を聴いたり、読書をしたりして、一人の時間を満喫すれば、それはそれで楽しいはずです。

いつも一人だから、誰かといないと寂しいという人もいるでしょう。でも、誰かと一緒にいながらも、お互いが携帯電話の画面を見ながら食事をしていて、結局のところ一人と同じ状態ということはよくあります。

「一人じゃないほうがいいこと」とは、どんなことですか？　それは寂しさを紛らわせることだったり、依存ではありませんか？　一人だから寂しいというのは、ただの思い込みや刷り込みであることも少なくないのです。

一人に慣れていない人は、「一人を受け入れよう」「頑張って一人に慣れよう」となかば訓練のように考えます。それがすでに「一人は寂しい」という刷り込みです。「一人は楽しい」ということを、早く知るべきです。

孤高に生きるということは、社会と隔絶して生きろということではありません。人との関わりを拒絶し、相手からも拒絶されると孤立してしまいます。人を意識しすぎて、寂しさを感じれば孤独になります。孤高に生きることは、社会と関わりを持ちながらも、理性を持って必要以上に踏み込まず、自立と自律で生きることです。お互いを尊重し合いながら、困ったときには手を貸し、支え合うのです。

孤高に生きれば、自分自身の人生の終わりにも責任を持てるでしょう。自立と自律の気持ちで、充実した人生をまっとうしようとするでしょうし、死んだ後の浄化もきっと早いはずです。

人は生まれるときも一人、死ぬときも一人なのですから。

## あなたの人生を輝かすために

あなたはもう、〝自分の死に方〟を決めましたか？

人は生きたように死んでいく。その意味をわかっていただけたでしょうか？

すべてを読んで、「こうはなりたくないな」と思うことがあるなら、すぐに準備を始めてください。ぼやぼやしていると、あっという間に死んでしまいます。

遺言書やエンディングノートを書いていないなら、書けるところからすぐに始めましょう。

もしも現在、揉め事が進行中だという人は、自らの生き様だと思って、甘んじて受け入れてください。人生に無駄はありません。無意味なことも、不幸なこともありません。すべては自分にとって必要であり、幸いなのです。ですから、揉め事の一つ一つを受け入れ、大我の心で乗り越えていきましょう。

人はこの世に生まれたときから、すでに死に向かっています。一秒、一秒、最期へのカウントダウンが始まっているのです。

もちろんあなたも例外なく、「人生最後の大階段」に向かっているのです。自身のフィナーレが納得のいくものであるように、毎日を大切に生き抜き、人生をもっと輝かせていただきたいと思います。

〈対談〉

# 生と死を見つめつづけて——逝く人、見送る人の想い

江原啓之×沼野尚美（チャプレン・カウンセラー）

◆プロフィール

ぬまの　なおみ／1956年大阪府生まれ。病院薬剤師から病院チャプレンおよびカウンセラーに転職。淀川キリスト教病院をはじめ多くの病院に勤務後、現在は宝塚市立病院緩和ケア病棟、神戸中央病院に勤務。京都ノートルダム女子大学非常勤講師も務める。著書に『満足して死に逝く為に』（佼成出版社）、『生と死を抱きしめて』『いのちと家族の絆』（明石書店）など

## 死期が迫ると起こること

**江原**　今日はチャプレン界のカリスマでいらっしゃる沼野さんのお話を伺えるということで、対談を楽しみにしていました。

**沼野**　お招きいただきありがとうございます。江原さん、カリスマだなんてとんでもない。それに、チャプレンが何をする仕事なのか、医療関係者にも一般の方々にも、まだまだ十分ご理解いただけていませんよ。私のこと、死ぬまでずーっと「キャプテン」だと思っていた方もおられるほどですから。

**江原**　ワハハ！　チャプレンとは本来、宗教的援助者という意味ですから、多くの場合は宗教的カラーを持つ施設に在籍しています。しかし沼野さんは、一般の公立病院などで患者さんの心のケアにあたっていらっしゃるのですよね？　そしてこの明るい調子で遊び心も持ちながら死と向き合うことの大切さを説かれるのですから、大人気なのも頷けます。私もある講演会で偶然にご一緒させていただき、沼野さんのお話に大変感銘を受けました。

**沼野**　偶然？　「この世に偶然はない。あるのは必然だけ」というのは江原さんの常套句ではないですか。

**江原**　常套句（笑）。

**沼野**　今日はお話しさせていただける機会をえて嬉しいです。私の仕事は、終末期医療を受けていらっしゃる患者さんの心のケアです。簡単に言うと、現実を受け入れ、残りの日々に意味を見つけるお手伝い。しかし職場では、チャプレンは私一人なので、孤独を感じることも多いのですよ。そんななか、長く生きることより心を込めて生きることの大切さを説く江原さんのお姿にずいぶん励まされてきました。

**江原**　私も沼野さんの著書を拝読して、大変嬉しく思いました。沼野さんは患者さんたちと向き合うなかで経験したさまざまな出来事を通して、私の説く〝見えない世界〟が存在することを立証してくださっているのだと。

**沼野**　最初は目に見えないものを一切信じなかったり、死について考えることを拒んでいたりした患者さんのなかにも、死期が迫ると科学では解明できないような摩訶《まか》不思議な体験をされる方が少なくないのです。たとえば、「沼野さんの横の椅子に黒い服を着た人が座っている」というようなことをお話しになったり。私には視えませんから、最初は背筋がゾ～ッとしていたのですけど、「黒い服の人が来ると安心する」とおっしゃるので、そういうこともあるのかと、病める方の不思議な体験を大切に心にとめるようになりました。

**江原**　お迎えにみえていたんですね。

**沼野**　ええ、たぶん。ある女性は亡くなったご主人が病室に現れたと。そして「寝ている私が言うのもヘンなんだけど、腰が抜けるほど驚いた」と話されました。

**江原**　ワハハ！

**沼野**　ご主人のいるところには雪が降っていて、そのなかで何も言わずニコニコなさっていたそうです。不思議と怖くはなく、懐かしかったと言いながら、夫婦で過ごされた日々のことを話してくださいました。その女性はほどなくして亡くなりましたが、私はその不思議な現象がその方のよき旅立ちの準備になったと思っています。

**江原**　幸せな最期ですね。沼野さんが見てこられた患者さんのなかには、臨死体験をなさる方も大勢いらっしゃるのでしょうか？

**沼野**　はい。不思議なことに臨死体験をされた方のほとんどが、死への恐怖を感じなくなる。しかもお話を聞いてみると、美しい風景だったから気持ちがよかったとか、心がなごんだとかおっしゃるのです。

**江原**　あの世は想念の世界ですから、綺麗なところだと思っている人にはお花畑があり、三途の川があると思っている人には川が存在する。先に旅立たれた方と会いたいと思えば、その方がお迎えにみえるのです。

**沼野**　確かに「亡くなった両親が山頂に立っていた」というようなことをおっしゃる方もいます。そうした場面で、「ご両親は、あなたに会えるのを楽しみにしておられますよ」と断言することができたら、どれほど患者さんの心を穏やかにできるかと思いますし、それができる江原さんが羨《うらや》ましいですね。

## 秘密を打ち明けたくなる

**江原**　沼野さんはホスピスチャプレンになられて二十七年目とのことですが、これまでに何人くらいの方を見送られたのですか？

**沼野**　約三千人になります。

**江原**　そんなに！　三千人もいれば、いろいろな方がいらっしゃるのでしょうね。

**沼野** それはもう。忘れられないエピソードもたくさんあります。昔かかわったある女性患者さんの話なのですが、ご主人や息子さんが頻繁にお見舞いに来ておられたので、仲がいい家族だなと微笑ましく思っていたのですよ。ところがある日、「沼野さんにだけ話しておきたいことがある」と言い出されて。なんと息子さんは夫との間に生まれた子どもではないと告白されたんです。

**江原** そのことをご主人はご存じないわけですか？

**沼野** いつか夫に言わなければと思いながら、とうとう言えなかったと、最期の息遣いのなかで言われ、心が痛みました。

**江原** かつて私が行っていたカウンセリングでも、それは相談じゃなくて、懺悔《ざんげ》なのでは？ と思うようなケースがありました。人というのは、誰かに話すことで許されたいという気持ちがあるのでしょうね。

**沼野** 穏やかな気持ちで旅立つためには、許し許される体験が必要なのです。

**江原** しかし日本は宗教観が根づいていないという面もあります。一般の病院で心のケアといっても、理解されづらいのではありませんか？

**沼野**　私自身はカトリックのキリスト教徒です。ただ、「死ぬとどうなるの？」と考えるとき、その方の持っておられるイメージ、宗教観を大切にしてきました。死を迎える準備をお手伝いするなかで、もっとも大切なことは、思いを分かち合うこと、病める方の思いを尊重し受け入れることだと思っています。

**江原**　本当にそうですね。医師には体の苦しみを訴えることはできても、心の痛みを打ち明けることは難しい。といって家族に自分の本心を明かすことは憚《はばか》られる場合もある。

**沼野**　その結果、心の垢《あか》を持ったまま旅立つことも多くなってしまうのです。その点、白衣を着ずに病院内をうろうろしている私は、心の内を話すのにちょうどよいポジションにいるのでしょう。「沼野さんだけに話すのだから誰にも言わないでね」と話し始め、「これでスッキリした」と大きな荷物を下ろされたように安堵《あんど》なさる方も多いのです。

**江原**　簡単におっしゃいますが、それは沼野さんがカウンセラーとしての感性に優れていらっしゃるからでしょう。

**沼野**　それはどうだか。ただ、日頃からユーモアのある会話を心がけ、心を開いていただけるよう努力をしています。そして、患者さんが想いを話し始めたら、意見は言わず、ただひたすらに傾聴するのです。人の気持ちを癒やすための方法は説くことだけではない。むしろ、その方の話を聞くことのほうが効果的ではないかと思うほどです。

**江原**　なるほど。本のなかにはユニークな話も紹介されていましたね。たとえば「田中さん」の話など（笑）。

**沼野**　ええ。ホスピスに入院なさっていたある患者さんに「誰かに会いたいですか？」と尋ねたら、「田中さん」とおっしゃったので、急いで家族の方に連絡をしたら「明日、連れていきます！」と。翌日、来たのは猫でした（笑）。

**江原**　猫の名前が「田中さん」（笑）。

**沼野**　もっと猫らしい名前にしてよ、と思ったんですけどね。とにかく田中さんはベッドのなかに入ったまま、何をしても出てこなくて。結局、そこにそのまいたのです。その晩、患者さんはお亡くなりになりました。家族の方が「私たちは看取れなかったけれど、田中さんが一緒にいてくれたから故人は本望だったでしょう」と話しておられたのが印象的でした。

**江原**　心温まるエピソードですね。動物は霊感が強いので、ご主人様の死期を感じとっていたのでしょう。

**沼野**　やっぱりそうなんですね。最近はペットたちが大活躍しています。

### 忘れられてしまうのが怖い

**江原**　死生観についても、いろいろな考えの方がいらっしゃるのではないかと思うのですが。

**沼野**　人の想像力はさまざまですので、死んだら「無」になると考える方もおられます。病室を訪ねると、「死んだら無になると思っているので、僕にはあの世の話は必要ないです」と言われたことがありました。

**江原**　そうした場合は、どうなさるのですか？

**沼野**　「死んだら無になられる。はい、わかりました」と、その方の死生観を受け止めておきます。ただし、いつでも相談に乗るよという空気を醸《かも》しつつ、その方の近くにはいるんです。そんな方でも、体調の変化とともに死がだんだんリアルなものとして感じられるようになると、多くの場合、心に変化が生じてきます。

**江原**　何もない世界、もしくは見たことも考えたこともない世界へ自分が向かっていると思うと、やはり死は恐怖でしかありません。実際に心の折り合いをつけることは難しいでしょうからね。

**沼野**　先ほどの方もやはり「死んで『無』になるのは困る」と言い出されました。「どうして？」と聞いたら「一つだけ失いたくないものがある」とおっしゃるので、「それは何ですか？」と尋ねると、家族との絆だと。

**江原**　ああ。無になり、まわりの人から忘れられてしまうことが怖いのですね。それは私もカウンセリングを通じて認識していました。

**沼野**　私は患者さんに「あなたのことは忘れませんよ」とお伝えしたとき、これまでただの一度も「自分のことは忘れてほしい」と言われたことはありません。「あなたのことは忘れたくても忘れられないわ」と言うと、なんとも言えない嬉しそうな顔をなさるんです。

**江原**　患者さんの気持ち、わかります。ところで、患者さんに対して、生前にこんなことをしておいたらどうかとアドバイスをされることはあるのですか？

**沼野**　家族など、大切な人に思いを言葉にして伝えておきましょうとお勧めしています。

たとえば幼いお子さんを残して旅立たれる方は、伝えておきたいことはたくさんあるけれど、今言っても理解できないだろうとお考えになるケースが多いのです。実際、五歳くらいの子に「お父さんは天国へ行くけれど」と話してもキョトンとしていますよ。それでも、お子さんが理解できる日が必ず来るので自分の思いを話しておいてください、と私は語ってきました。必ずお子さんの心にお父さんの愛は刻まれますよ、と。

**江原**　私も幼い頃に父を亡くしましたが、覚えているはずのない温もりを覚えていたりするものです。何を言われたかなど具体的なことは覚えていなくても、愛はしっかりと感じ取り、それが生きていくうえでの心の支えとなる。それは家族の絆が生み出す奇跡だと思います。

**沼野**　お子さんに限らず、伴侶や友人にも、詫びるべきこと、感謝すべきことを伝えておく。それができればいいですね。

**江原**　こういう話をしますと、余命がわかる人はいいけれど、急に死んでしまった人はどうなるのとおっしゃる方がいます。しかし本来は、元気なうちから「ごめんね」「ありがとう」と伝えておかないといけないんですよ。

**沼野**　ところが、それがなかなかできないんですよねぇ。私自身も九年前の誕生日に「産んでくれてありがとう」と、やっと母親に伝えることができたんです。当時七十代の母は「生まれてきてくれてありがとう」と言ってくれました。特別な思いがこみ上げてきて嬉しかった。照れている場合じゃないんですよ。誰にとっても、愛する人と過ごす時間には限りがある。そのことを私は患者さんたちから教えていただいたと思っています。

## 最期ぐらい自分らしく生きたい

**江原**　私が緩和ケアに大きな関心を寄せるようになったのは、十年以上前の個人カウンセリングをしている時代に、余命を宣告された女性と知り合ったことがきっかけでした。私は彼女に「死ぬのは怖い？」と問いかけることから始めたのです。

**沼野**　最初にその問いかけが来るとはすごいですね。

**江原**　そのときの彼女は、死が怖いというより「どうして私が」という怒りのほうが強くて、死を受け入れられないと話していました。そこで私は霊視をして、「あなたは亡くなったお祖父さんのことが大好きだったのですね」とお伝えしたうえで、「お祖父さんが、いつでも待っているよと言っておられますよ。でも、十分に楽しんでからおいでと伝えてほしいともおっしゃっています」と話しました。そこから彼女は怒りや恐怖が吹っ切れて、買い物には行くし、旅行には行くし、生き方がガラリと変わったんです。

**沼野**　素晴らしいですね。

**江原**　そうして過ごすうちに、彼女が親しくしていた方が先に亡くなってしまったのです。その頃には彼女から「あの世で再会するのが楽しみだ」という言葉が飛び出すまでになっていました。

**沼野**　それは、自分の死を受け入れたことを表す言葉ですよね。

**江原**　私はそのとき、生きられるということを大切にしようと決意された方が出すパワーは、すごいものだなと驚きました。

**沼野**　余命宣告を受けた方が自分のスタイルを貫こうとなさる姿は見事です。ただし、活動的である場合ばかりとは限りません。「これまで働きづめだったので、死ぬ前くらいはボ～ッと過ごしたい」とおっしゃる方もいます。

**江原**　最近、末期がんの方の最期の様子を描いた映画とかドキュメンタリー番組というのがありますでしょう。それらは元気な人の教訓や希望にはつながっても、今、病に直面している患者さんにとっては負担になることもあるのではないかな、と気になるのですが。

**沼野**　多くのホスピスの患者さんは、そうしたものを見るのを嫌いますね。作品のなかに登場する末期がん患者さんは、時間の使い方がよくわかっていて、立派に生き抜くわけです。ただ、それが社会的風潮になると世のなかの人たちから「あなたもね」と期待されてしまう。それは患者さんにとって負担です。

**江原**　それからホスピスには、さまざまなボランティアの方が来られて、もちろん善意でですが、イベントを開催してくれたりしますよね。でも参加したくない方もいると思うのです。といって、そこで「私は遠慮しておきます」なんて言おうものなら、いじけていると受け取られてしまいがちですしね。

**沼野**　江原さんは、さすがによくご存じですね。

**江原**　残された時間は自由に使いたいと考える人をイベントに巻き込んで、「ありがとう」と言わせてしまう残酷さについては、考えないといけないのではないでしょうか？

**沼野**　ボンヤリ過ごすのはよろしくない生き方であるというのは、元気な人の勝手な決めつけ。その流れでお話しすると、死が近づくと人はみな神様みたいに優しくなるというのも元気な人の勝手な妄想なんですよ。ある患者さんが、「私はずっと息子の嫁が嫌いだったのよ。だからそのことを嫁に言ってやった」と言うので、「なんで、そんなこと今になって言ってしまったの？」と思わず咎めてしまったんです。けれどご本人は、「嫌いなもんは嫌いなんや」とケロリとしておられて。元気なときに控えめだった方ほど大胆な行動に出るように思うこともあります。

**江原**　日本人は特に忍耐を重んじます。それは素晴らしいことだけれど、一方で我慢しすぎという一面もありますから、後のことを考えなくてよいとなったら強いんですよ。

**沼野**　いずれにしても、最期くらい自分のしたいようにさせてほしいと言われたら返す言葉がありませんね。

## 死を超えた希望を持つこと

**江原**　沼野さんが一人の患者さんと向き合うトータルの時間は、平均するとどのくらいなのでしょうか？

**沼野**　それは時代とともに刻々と変わってきています。かつて、がんは抗がん剤治療の副作用が激しくて、そのために命を縮めているのではないかと思うほどでした。そこでギアチェンジだといって、延命的な治療をやめ、痛みを抑えてがんと仲良く生きる道へと切り替えることを選択なさる方が多かったのです。

**江原**　それがホスピスや緩和ケアへとつながる動機づけだったわけですね。

**沼野**　そうです。がんの末期というのは、医学的に見て余命六ヵ月以内のことですが、その時点では普通に八時間労働ができるくらい元気な方が多い。ですから私がチャプレンを始めた頃には、末期とは言えども、入退院を繰り返しながらやがて亡くなられるというケースがほとんどで、長いお付き合いでした。でも近年、化学療法が急激な進歩を遂げたため、抗がん剤の副作用がすごく小さくなったのです。するとギアチェンジをする必要がなくなり、ギリギリまで治療を受ける人が増えました。そのために緩和ケア病棟（ホスピス）への到着が遅くなってきています。

**江原**　ギリギリまで死について考えることがないということですね。

**沼野**　残念ながら、お会いしたときには話しかけても反応がないくらい弱っていて、一週間以内にお亡くなりになるケースも多いのですよ。

**江原**　医学が進歩した時代に生まれてきたのも宿命ですから、治るチャンスがあるのなら治療に挑むべきだと思います。ただ、旅立ちまでの時間が短くなるということは、死を自覚できず、戸惑う方も多くなるでしょうね。心のケアの必要性について、現在、医療関係者のあいだでは、どのくらい浸透しているのでしょうか？

**沼野**　もちろん、理解を示すドクターもおられます。しかし、心のケアの必要性を感じながらも、専門のスタッフを雇うところまではいかない病院がまだまだ多いと言わざるをえません。それは病院の経営上の問題もあるのです。緩和ケア病棟の建設や運営には一般病棟を作るよりも費用がかかる。しかも黒字はなかなか見込めませんからね。最近では、一般病棟内に緩和ケアチームを作る病院が増えてきました。それにつれ、心のケアに関心を持ってくださるナースも増えています。

**江原**　医師は医学の力で人を救うことが使命ですから、仕方ないのかもしれません。しかし、連携しなくては本当の意味において人を救うことはできないと思いますね。

**沼野**　「僕はドクターではなく、まず沼野さんと話をしたい」と言ってくださる患者さんもいます。そうしたときに、私は神様からの励ましを感じるのです。そして、患者さんの〝必要のため〟にチームの一員としてかかわれることに喜びを感じます。

**江原**　ここで改めて、沼野さんの死に対する捉え方を伺いたいのですが。

**沼野**　私は信仰を持っていますし、終末期の患者さんと接してきて、この世がすべてではないと確信しています。見えない世界の存在を信じられる人は死を超えた希望を持つことができます。それに、死は無理やりに生から引き離される残酷なものではありません。

**江原**　確かに、そうですね。

**沼野**　最期はご本人が承諾したうえで旅立たれるように思えてしかたないのです。

**江原**　それは、どのような最期であれ、究極的にはたましいは死を理解し、受け入れていくと捉えるスピリチュアリズムとも合致しています。

**沼野**　私たちは生まれたときから、いつの日か死ぬことを人生のなかで悟ってきました。死は制裁ではなく、誰にでも平等に訪れるものですものね。

**江原**　確かに、その通りです。これまでは逝かれる方の思いについて考えてきましたが、次は見送る側について考えてみたいと思います。

## 生き方が最期に問われる

**江原**　ここからは「見送る側はどうあるべきなのか?」をテーマに、お話しいただきたいと思います。

**沼野**　今度は家族とのかかわりから見えてくるお話をいたしましょう。

**江原**　沼野さんの著書を拝読して、不謹慎ながら苦笑してしまったエピソードがありました。死を宣告されたとき、親は子どもの身代わりになってやりたいと言うけれど、夫婦の間で身代わりになってあげたいという話は聞いたことがない、というくだりです(笑)。

**沼野**　特に女性はドライですね。「かけがえのない夫です」と言いながら、「死ぬのはあなた、残るのは私」と、そこはハッキリしていますよ。夫婦間がうまくいっていなかったお二人なら、夫の病室へ行くことさえ拒む奥様もおられます。

**江原**　そういう場合、沼野さんはどう対処なさるんですか?

**沼野**　病室に来たくなければ無理をなさることはないとお伝えします。するとみなさんビックリされます。一般的には、どんなわだかまりがあったとしても一緒に暮らしていたのだから、看病くらいはしてあげるものだと諭すのが普通だからでしょうね。けれど、夫婦には二人にしかわからないさまざまな事情がありますから。なかには決して許せないことをされたというケースもあるでしょうし。たとえ死という〝切り札〟を出されても、されたことを帳消しにできるとは限りません。

**江原** むしろ、パートナーの余命を知って、どれだけ相手に恨みを募らせているかを再確認するというケースもあるのかもしれませんね。

**沼野** その通りです。でも、恨みながらもよい思い出があったことを見つけられる人は、許すことができるようです。

**江原** そもそも好きで一緒になったのでしょうし、なんだかんだ言いながらも離婚しないできたというのは、まだ気持ちはあると言えるのでしょうね。

**沼野** それにしても怖いなぁと思うのが、患者さんがどんな生き方をしてきたのかは、家族との関係性を見ればわかってしまうということです。

**江原** まさしく、死に際にその人の生き方が問われるということですね。沼野さんは、どんなときにそう感じられるのですか？

**沼野**　以前、ある女性の患者さんから「最期に、別れたきりの娘に会いたい」と頼まれたことがありました。今のご家族以外に娘さんがいると知りビックリしたのですが、聞けば今のご主人と恋に落ちたので、当時二歳だった娘さんを置いて家を出たというのですよ。親戚の方から連絡していただきましたが、初め、その娘さんからはいい返事はいただけませんでした。

**江原**　冷たいようですが、当然だと言えるのではないでしょうか。

**沼野**　私もスタッフに対して、「もしも娘さんが来られても『お母さんを許してあげて』なんて言ったらダメよ。本来ならお母さんのほうが土下座して謝るべき話だから」と伝えていたんです。

**江原**　結局、いらしたんですか?

**沼野**　逝かれるギリギリになってみえたのですが、二十分滞在しただけで一言も話さず帰られました。母親のほうは、「自分は死ぬので許してほしい」という気持ちかもしれませんが、そんな身勝手な話、娘さんはどう受け止めたらいいかわからず傷ついたと思います。

**江原**　そもそも血のつながりに甘えてはいけないのです。

**沼野**　ええ。その人が自分にとってかけがえのない人かどうかは、血のつながりではなく、精神的なつながりがあるかどうかに尽きます。苦しいときに支えてくれた、悲しいときに慰めてくれた、そばにいてくれた、一緒に泣いてくれたなど、心に触れる温かい思い出があればこその絆です。

**江原**　一方で、私はカウンセリングを通して、親を許せないというトラウマを抱えた人を大勢見てきました。そうした方に私がお伝えするのは、「嫌いな親も反面教師」と捉え、感謝してくださいということです。

**沼野**　それは本当に大切なことですね。今、看取る側の方も、いつか看取られる側になる日が来ます。そのときにどうありたいか。死に行く人は、残された人に大切なことを教えてくれます。そういう意味で、何の置き土産もせずに亡くなる人は、この世に一人もいないのです。

## 希薄になった家族の絆

**江原**　沼野さんがホスピスのチャプレンになられた二十七年前と現在では、家族のありように変化を感じるのではありませんか？

**沼野**　こんな状態でいいの？　と思うほど家族関係が希薄になってきていますね。昔は、お父さんが危篤だと知ったら、遠方にいるお子さんも駆けつけて、家族が病室に勢ぞろいしたものでした。ところが今は……。一人っ子であっても来ないケースが目立ちます。それでも患者さんは子どもを咎めず、逆に「息子も忙しいので」などと言って、会いたいのに我慢されている。私なんかにしてみたら不思議な光景ですよ。

**江原**　家族間におけるコミュニケーション不全が一因だと言えますね。感情を露《あらわ》にしすぎることは家族に対する甘えの場合もありますが、逆に普段から心を開いて接していないと、ここ一番というときの結束力に欠けてしまうのです。

**沼野**　かなり深刻な状況になっていると思いますね。

**江原**　私は講演などで、現代人は物質主義的価値観を優先するあまり、心がフランケンシュタインのようになってしまったと話していますが。

**沼野**　そうですね。これは最近の話なのですが、女性の患者さんが、もう今日明日が最期になるだろうというときに、ご主人から、中学生の娘さんと三人でベッドを並べて寝たいとリクエストがありました。本来だったら何かあったときのために患者さんのベッドサイドは空けておきたいところなのです。しかしご家族の気持ちを尊重し、最期の時間を過ごしていただくことにしたと、ナースから報告を受けていました。ところが夜中に見回りをしたナースが目にしたのは、信じがたい光景でした。

**江原**　信じがたい光景？

**沼野**　なんと、死にそうな母親を隣にして、娘さんがイヤフォンで音楽を聴きながら、マンガを読んで笑っていたというのです。

**江原**　エッ！

**沼野**　この話を最初に聞いたときは、何を考えているのかと腹が立ちました。でも後で、その子はどうやって親の死と向き合っていいのかわからないのかもしれないという思いに至りました。本当は胸が張り裂けそうなほどつらくても、感情を表現する術を知らないのではないでしょうか。

**江原**　私もそう思います。わからないから現実と向き合う努力をせず、自分を誤魔化《ごまか》していたのでしょう。問題なのは、いつかそのことを後悔する日が訪れるということなのです。

逃げてばかりいては、どこかで必ず歪みが来てしまいますから。
**沼野**　それがわかっていながら、大人がフォローしてあげることができない時代になっていることに、私は危機感を抱いています。人との付き合い方がわからない。家族との向き合い方もわからない。旅立つ人とのかかわり方もわからなければ、供養の仕方もわからないというのは問題です。
**江原**　人間の心を取り戻すところから始めなければいけないなんて、末期的な状況だと言えますね。
**沼野**　その通りです。先ほど江原さんは、コミュニケーション不全とおっしゃいましたが、夫婦関係が希薄だなと感じることも多いんです。何十年も連れ添っている奥様が、三ヵ月程度のかかわりしかなかった私に、「夫は私のことを何か言っていましたでしょうか？」と尋ねてくることが珍しくないんですよ。
**江原**　ふだんから会話がないために、相手の気持ちが慮《おもんぱか》れないのでしょう。
**沼野**　考えてみれば、その手の話は尽きませんね。ある患者さんの話なのですが、いよいよ最期かもという段階になり、三人のお子さんが病室へ駆けつけられたときのことです。

「聞こえておられますので声をかけてあげてください」と言ったところ、四十代半ばの真面目そうなご長男から、「何を言ったらいいのでしょうか？」と尋ねられて、ビックリしました。

**江原**　彼らにとっては、意識がない母親に声をかけるなんて想定外だったんでしょうね。

**沼野**「楽しかった思い出話などをどうぞ」とアドバイスしましたら、「お母さんは料理が上手やったね」口々によき思い出を話しはじめました。しかし今日が山場と言われていたのに、その日を越えたのです。すると、また長男が出てきて「このあと、何を話したらいいでしょうか？」と言われる。「ここからは近況報告でいきましょう」と提案しました。

**江原**　マンガみたいな話ですね。

**沼野**　コミュニケーション不全の話とは少しズレますが、この話には続きがあるんです。まず長男さんが「うちは去年、ハワイへ行ってな」と。続いて長女が「うちも一昨年行ったよ」と報告したところ、次女が「お兄ちゃんも、お姉ちゃんも、そんなとき、どうしてうちの家族も誘ってくれへんの！」と怒りだして、お母さんの体を挟んで喧嘩になったんですよ。

**江原**　なんと！

**沼野**　さすがに長男が、母の死に目にふさわしくないと思ったのか、「いつの日か、みんなで行ったらええやないか」と収めたのですが、その言葉に反応したのがお母さんでした。もう喋るのは難しいと言われていたのに、「私も一緒に」と口が動いたんです。でもそれは二通りにとれますよね。元気になって行きたいというのと、死んでもみんなの心のなかで生きて一緒に行くよ、というのと。

**江原**　いずれにしても、ハワイと聞くたびにお母さんのことを思い出すでしょうね。

**沼野**　ええ。私にとっても心に残る思い出になっています。

## 本当は死の話をしたい

**江原**　看取る側が心がけておきたいこととは何だと思いますか？

**沼野**　先にもお伝えしましたように、私はチャプレンとして、死に対して不安を抱く患者さんと気持ちを分かち合うことが非常に大切であると考えています。けれど、患者さんが気持ちを分かち合う相手は、本来、ご家族であることが望ましいのです。

**江原**　わかります。かつての相談者のなかにも余命宣告をされた方が大勢いて、悩みは共通していました。それは「家族の期待に応えたいけれど、もう頑張れない」というものでした。頑張ることなんてないのに。もちろん、元気になってもらいたい、一日でも長く生きてもらいたいというのは家族の愛です。けれど、その家族の想いが強すぎるとつらい方もいるのですよ。

**沼野**　非常にデリケートな問題なので、私もどうお伝えしたらいいのかと悩ましい部分なのですが……。江原さんのおっしゃる通り、なぜ患者さんが私に、死に対する不安を口にされたり、残された家族に何ができるだろうといった相談をなさるのかと言えば、家族に素直な想いを伝えられないからなんです。夫が「俺が死んだら……」なんて言おうものなら、「なんでそんな縁起でもないこと言うの？　なぜ家族のために生きると言ってくれないの？」と妻は取り乱す。そうした光景を数え切れないほど見てきました。

**江原**　自分ならと想像してみると、一番気になるのはやはり自分の死んだ後の家族の生活や仕事など、現実的なことですからね。

**沼野**　私は話を聞くことはできても、具体的な策を講じることはできません。家族だからこそできることがあります。ですから病める人の想いを聞いてほしいのです。

**江原**　家族と死後についての現実的な話ができないことが、どれほど患者さんを孤独にさせているかを考えると心が痛みますね。周囲の人から死後の話を切り出すには、どうしたらいいのでしょうか？

**沼野**　言い出すタイミングは大切ですね。末期状態とはいえ、死を迎える三ヵ月くらい前は、体調の良いときもあれば悪いときもあるといった具合ですが、基本的には元気です。熱が出ても薬で下げれば普段の生活を送ることができますから。しかし余命一ヵ月を切ると一気に全身の状態が悪くなり、さまざまな症状が出てくる。そこで初めて自分の命の危機というものを感じるのです。

**江原**　そのときならご本人も死後のことを考えられるというわけですね。

**沼野**　むしろ死についての話をしたい。しないと怖くていられないという心境になります。私の本当の出番はそこからなのですが、患者さんとご家族が亡くなられた後の具体的な話をなさるのに適している時期とも重なります。こちらから切り出さなくても、患者さんのほうから「死の話に乗ってきてくれるかな?」と探りを入れてこられますよ。

**江原** そのサインを見逃してはいけないのですね。

**沼野** 例えば、患者さんが「沼野さんは今日、何人くらいの方のところを回られたんですか?」と聞いてこられるのは、遠まわしのサイン。結局のところ、その方が知りたいのは、同じ境遇の人たちが何を考え、どんな話をしているかということなのです。「昨日、お隣の部屋から泣き声が聞こえたけど、亡くなられたの?」というのは直球に近いサインだと思っています。ですから、そのときに話を逸らしたり、そんなことは知る必要がないなどと拒絶したりしたらダメなのです。

**江原** 確かに、患者さんの質問に対して正直に答えていくうちに、「私のときはこうしてほしい」といった話題へと入っていくことは可能ですよね。

**沼野** とはいえ、患者さんは最後の最後まで、頭の半分では「奇跡が起こらないとも限らない」と、生きることを考えています。その生きようとする気持ちも支えてあげてほしいのです。具体的に言うと、「あなたが死んだら」ではなく、「万が一、あなたが死ぬときが来たら」と言うなど言葉の配慮が必要だということ。江原さんが常々おっしゃっているように言葉には心が表れます。それを患者さんは敏感に感じ取られるということを忘れてはいけないのです。

## 死に際に残す三つの望み

**江原**　患者さんが家族と話しておきたいことは、事務的なことばかりではありませんよね。

**沼野**　私がアメリカで学んだときに、あちらのチャプレンに「病める人と家族の間で交わすべき五つの言葉」というのを教えていただきました。それは「ありがとう」と「ごめんね」「もう気にしてないよ」といった許しを与える言葉、「あなたは私の心のなかで永遠に生き続ける」などの死を超えて希望を感じる言葉、そして最後に「愛している」です。

**江原**　日本人にとっては伝えるのに勇気のいる言葉ばかりですね。だからこそ伝えることに意味があるのだと言えそうですが。

**沼野**　自分の人生はこれでよかったのかなと自問自答を繰り返して過ごしてきたとしても、これらの言葉を最後にかけられることで、「ああ、いい一生だった」「思い残すことは何もない」と気持ちが一新する。そんな魔法の言葉です。

**江原** 人が死ぬとき、家族に対して望むことは何だと思われますか？

**沼野** それは三つ。一つ目は残された家族が仲良く暮らすこと。

**江原** そうでしょうね。これまでに遺産相続で骨肉の争いをしているという方の相談を数多く受けてきましたが、そうした方を霊視すると、必ずと言ってよいほど故人が背後で家族のことを案じておられる様子が視えるのです。

**沼野** 次に、いつまでも悲しまないでほしいということ。

**江原** 私は大丈夫だから安心してくださいと言って差し上げなければ、心配で、あの世へ行くことができずにさまよってしまいかねません。ここでも、旅立つ人の気持ちを第一に考えることが大切なのですね。

**沼野** 最後に、時々は自分を思い出してほしいということ。患者さんのそうした願いを知って、残された人が故人との思い出の場所へ足を運んだり、思い出話をしたりするときに、故人のたましいが近くに感じられるのは気のせいではないと思います。

**江原** 逆にたましいが近くにいるから故人の話になる、ということもありますしね。いずれにしても思い出すことが一番の供養だと思います。故人は人々の思い出のなかで永遠に生き続けていくのですから。

## あの世に持って行けるもの

**沼野**　やがて、患者さんが自分の意志を伝えられる時期にも終わりが来ます。そこから昏睡状態になるまでの間に本格的に死を受け入れられるのだなと感じることも多いのです。「見て見て！　天使が輪になって踊っている」と言いながら嬉しそうにされたり、仏教を信心している方が「如来《にょらい》さんが来てくれはった」と話されたり。

**江原**　半分あちらの世界へいらしている状態ですよね。

**沼野**　ただ家族の方の目には異様な光景に映るので、なかには「何を言っているの！」など怒る方もおられます。しかし、そこは「よかったねぇ」と話を合わせてあげるのが一番です。

**江原**　でも、なかには「恐ろしい人が来た」と怯える方もおられるのではありませんか？

**沼野**　「誰かが追いかけて来るんだ」と訴えた方もいましたね。

**江原**　その場合は、どのように対応なさるのですか？

**沼野**　「嫌な人には、帰ってもらおうね」と。そのときはそれで安心なさったようで落ち着かれました。なかには「もう死にたい！」とおっしゃる方もいます。その場合は「お迎えの方がまだ来ないので、もう少し待ちましょうね」とお伝えすることもあります。不思議と共通していることがあって、お迎えの方というのは、天井の角にお見えになるようです。

**江原**　霊は角を好むのです。よく赤ちゃんや幼い子が天井の角を見てニコニコしていますでしょ。あれは亡くなった親族が現れて、子どもをあやしているからだったりするんです。

**沼野**　ああ、それでなんですね。じーっと天井の角を見つめたままの患者さんに「誰か来ているの？」と話しかけたら「来てる」とおっしゃいますよ。私の知る限り、そうした状態になられたら、そろそろ旅立ちのときです。この判断はドクターの検査データより案外正確なんですよ。

**江原**　経験というのはすごいものですね。

**沼野**　昔は付添婦さんという方がいらっしゃって、病室で患者さんのお世話をしていました。毎日容体を見ているわけですから、死期もいち早く察知できたのでしょう。彼女たちが荷造りをし始めると、その晩に亡くなるというのが多かったほどです。

**江原**　霊能者を超えているかもしれませんね（笑）。それにしてもお話を伺って改めて思うのは、沼野さんは、私がお伝えしている「人があの世に持って行けるのは経験と感動だけ」ということを体験しておられるということ。人は死期を悟ったときにこそ、真の意味ですべての物質的なものが無意味なものであることを理解できますからね。

**沼野**　本当にそうですね。患者さんは一様に、この世で出会った方との心の絆を強く求めます。結局、人は決して一人では生きられないのだということを意味するのではないでしょうか。ですから、大切な方との最期のときを嘆き悲しむばかりではなく、出会えたことを感謝する時間になればと願います。それが見送る人にまだできることなのです。

## 明日も生きたいと思える社会に

**江原**　先に、医学の進歩とともにホスピスのありようが変わってきたというお話を伺いましたが、今後、ホスピスはどうあるべきだとお考えですか？

**沼野**　超高齢社会を迎えた日本で、これから一番大きなテーマになるのは、認知症の方とどう向き合っていくかだと思います。愛する人との思い出が消えてしまい、自分の語ったことに責任を持てなくなって、自分の生き方さえも自分で決めることができなくなる。人にとってこれほどつらいことはありません。

**江原** 確かに、今後、考えなくてはならない問題ですね。すべての記憶を一気に失ってしまうのであればまだしも、徐々に進行していくのは本当につらいでしょう。そのときに抱く不安というのは、想像を絶するものだと思います。

**沼野** 今後さらに、認知症患者の尊厳を守りながらサポートするシステムが求められるようになるでしょう。そのときに、ホスピスが認知症患者にできる援助をもっと考えていかなければなりません。

**江原** 沼野さんご自身の活動も変わっていくのでしょうか?

**沼野** これまでは、主に末期がんの患者さんと向き合ってきましたが、これからはがんになられた初期からのサポートにも、もっとかかわりたいと思っています。そして最終的には原点へ戻り、高齢者の心のケアに努めたいと思っています。もともと病院の薬剤師だった私が、チャプレンになろうと思ったきっかけがあります。それは、かつて老人病院(現在の介護療養型医療施設）に勤めていたとき、ある病室を訪れたら、入院していた六人の高齢者の方々が、ベッドの上で祭囃子《まつりばやし》の聞こえる窓に向かって深々と頭を下げながら手を合わせていたのです。「何をしておられるのですか？」と尋ねたら、「世間のお荷物だから一日も早く死にたいのに、今日も目覚めてしまった。明日こそはお迎えに来てくださいと祈っているのです」と口々におっしゃったのです。そのとき、私は高齢者の方々の寂しさに触れて、心が痛みました。

**江原**　それでチャプレンになられたのですね。

**沼野**　頑張って生きてこられた方々の最期がお荷物だなんておかしい。高齢者が「今日も生きていてよかった」と思う日々であってほしい。そのための心のケアも必要であると思っています。

**江原**　素晴らしい志です。

**沼野**　最後にお伝えしたいことは、生きている時間には限りがある。だからこそ今を大切に生きようということです。

**江原**　いかに死んでいきたいかを考えることは、いかに生きるかを考えること。そして生きることについて考えることは、死について考えることでもあります。私自身もそれを改めて認識することができました。今日は本当にありがとうございました。

「第二章　知っておきたい葬儀・お墓・供養のすべて」と「〈対談〉生と死を見つめつづけて――逝く人、見送る人の想い」は、二〇一一年三月に刊行された『婦人公論』別冊、『もう迷わない！　江原啓之がみちびく理想の最期』に収録したものを加筆修正したものです。ほかは書き下ろしです。

江原啓之

スピリチュアリスト。一般財団法人日本スピリチュアリズム協会代表理事。吉備国際大学、九州保健福祉大学客員教授。1989年にスピリチュアリズム研究所を設立。著書に『幸運を引きよせるスピリチュアル・ブック』『言霊のゆくえ』『すべての災厄をはねのける スピリチュアル・パワーブック』『あなたにメッセージが届いています』など多数。また、オペラ歌手としても活動し、東日本大震災復興支援チャリティーアルバム『おと語り』『うた語り』『ひと語り』をリリース。二期会会員。

公式ホームページ　http://www.ehara-hiroyuki.com/
携帯サイト　http://ehara.tv/
日本スピリチュアリズム協会図書館（携帯文庫）サイト
http://eharabook.com
＊現在、個人カウンセリング、お手紙によるご相談は受け付けておりません。

あなたは「死《し》に方《かた》」を決《き》めている

2014年5月10日　初版発行

著　者　江《え》原《はら》啓《ひろ》之《ゆき》
発行者　小林敬和
発行所　中央公論新社
〒104-8320　東京都中央区京橋2-8-7
電話　販売 03-3563-1431　編集 03-3563-2766
URL http://www.chuko.co.jp/

DTP　平面惑星
印　刷　大日本印刷
製　本　大日本印刷


Printed in Japan　ISBN978-4-12-004613-1 C0095

江原啓之の本

# ペットはあなたのスピリチュアル・パートナー

あなたが心惹かれ、縁を持った動物たちはみな、たましいを磨きあう仲間です。人と動物が永遠の絆を育てるための、初めてのスピリチュアル・ブック。インスピレーション訓練カード付。

すべての災厄をはねのける
# スピリチュアル・パワーブック

人はつまずくからこそ成長できる！　何かのせいにして逃げるのではなく、自分の心を見つめよう。悩めるあなたに贈る、発想の逆転で苦難を乗りきる方法。著者のメッセージCD付き。

中央公論新社

◆特別付録◆

## 亡くなった人・生きている人のための御霊浄化札

亡くなった人やペット、生きている人も含め、すべてのたましいの浄化を促すために、江原啓之自ら、御霊浄化祭を執り行います。

御霊浄化祭終了後、その様子を婦人公論本誌にてお伝えする予定です。

**〈使い方〉**

**1.** 御霊浄化札と書かれた方（表）には、たましいの浄化を促したい人の名前を書きます。故人の名前（俗名を記入。戒名は不可）や、亡くなったペットの名前などです。また、生きている人の名前を書くこともできます。この場合は、浄化を促したい思いがある、死後の供養を子どもに頼りたくないなど、今のうちに自分で自分のたましいの浄化を促したいという方です。いずれの場合も、「浄化したいこと」を心の中で想いながら、念を込めてお書きください。

**2.** 書く人の念を込めるため、名前は御霊浄化札一体につき一名分です（連名、コピーした札は不可）。

**3.** 御霊浄化札の裏には、申し込み者の名前を書きます。念を込めて書くことが大事ですから、こちらも一体につき一名の名前のみお書きください。

**4.** 記入した御霊浄化札を封筒に入れ、所定の郵便料金の切手を貼って、下記送り先までお送りください（2015年3月31日消印分まで受け付けます）。

**【送り先】**

〒104-8320　東京都中央区京橋2-8-7
中央公論新社　婦人公論編集部
「あなたは『死に方』を決めている」係

**「御霊浄化札在中」と明記ください**